불안을 곁에
두기로 했다

· 이 책에 실린 해당 저작물의 모든 내용은 저작권법에 따라 보호를 받는
(주)스노우폭스북스의 저작물이므로 무단 전재와 무단 복제를 금합니다.
· 이 책 내용의 전부 또는 일부를 사용하려면 반드시 출판사의 동의를 받아야 합니다.

불안을 곁에 두기로 했다

김형준 지음

| 차례 |

들어가며　　　　　　　　　　　　　　　　　　08

멈출 수 없는 감정, 불안
: 삶을 삼키려 하는 힘의 정체

CHAPTER 01

1. 열심히 살수록 더 커지는 흔들림	15
2. 불확실성이 키우는 두려움	18
3. 눈 감고 코끼리를 만지면 그림자는 커진다	23
4. 집착이 만든 마음의 굴레	28
5. 상상이 키우는 또 다른 얼굴	34
6. 끓는 냄비 속 개구리가 되지 않으려면	40
7. 통제하려 할수록 더 흔들린다	46
8. 미루는 습관이 만든 그림자	51
9. 마음이 빚어낸 이야기	55
10. 태도가 불안을 키운다	61
11. 내가 만든 내면의 무대	66

신호를 읽다
: 없애는 것이 아니라 넘어서는 것이다

CHAPTER 02

1. 마주할 때 극복이 시작된다   75
: 흔들림을 이겨내는 4단계 글쓰기 전략
2. 극복의 열쇠는 질문, '어떻게'   81
3. 우선순위가 흔들림을 줄인다   86
4. 마음의 계산법으로 균형잡기   90
5. 후회 대신 선택을 새롭게 하기   93
6. 나부터 변해야 나답게 산다   95
: 인생을 나답게 사는 5단계
7. 극복을 위해 필요한 두 가지 열쇠   100

일상의 선택들
: 작은 선택이 삶의 균형을 지킨다

CHAPTER 03

1. 술이 아닌 삶을 선택할 때   107
: 자기 성찰로 흔들림을 줄이는 법
2. 직장인이 마주하는 두 가지 벽   113
: 일터에서 흔들림을 다스리는 다섯 가지 전략
3. 퇴직 후, 몇 등급 인생을 살 것인가   118
: 인생의 무게를 끌어올리는 일곱 가지 선택
4. 두려움 너머 진짜 나를 찾는 길   123
: 직장 밖 삶을 준비하는 여섯 가지 실천
5. 관계를 새롭게 정리하는 법   130
: 인간관계 속 흔들림을 다스리는 여섯 가지 방법

흔들림을 성장으로 바꾸다
: 두려움은 성장의 불씨다

CHAPTER 04

1. 변화와 성장을 밀어붙이는 힘   139
2. 집중이 마음을 가볍게 한다   142
: 흔들림에서 벗어나는 실천들
3. 절제의 크기만큼 흔들림도 줄어든다   151
4. 흔들린 만큼 단단해진다   155
5. 자신감, 불안 그리고 꾸준함   158
6. 누구에게나 좋은 때는 온다   161
7. 완벽보다 노력이 더 강하다   163

너머의 삶을 살다
: 나답게 살아야 의미가 된다

CHAPTER 05

1. 지금, 나만의 색을 찾아야 할 때   169
: 자기만의 콘텐츠를 만드는 방법
2. 인생에도 '고스톱'이 필요할 때가 온다   176
3. 건강을 외면하면 흔들림은 커진다   180
4. 나를 단단하게 하는 혼자 있는 시간   184
5. 제대로 사는 것이 최고의 해답이다   188
6. 부부 사이를 지켜주는 단 하나의 언어   191
7. 배우는 사람은 흔들리지 않는다   194

마치며   198

저는 마라톤을 완주하는 요소에 체력과 지구력, 의지 외에도 한 가지가 더 있다고 생각합니다. 바로, 불안감입니다. 모두가 아는 체력적 요소나 정신 무장은 필수불가결이니 논외로 하고 저는 여러분과 '불안감'에 대해서 이야기 나누고 싶습니다.

분명, 대회를 준비하는 순간부터 불안은 시작됩니다. '과연 이번 대회에서 완주할 수 있을까 기록은 괜찮을까?' 걱정이 먼저 앞서죠. 연습할 때도 생각만큼 기록이 나오지 않으면 더 불안해집니다. 한데 아이러니하게도 그 불안 덕분에 연습을 멈추지 않게 됩니다. 대회당일, 출발선에 서면 불안은 최고조에 달합니다. '아무 일 없이 완주할 수 있을까?' 걱정이 마음을 짓누르고 달리는 중간에도 불안하기는 마찬가지입니다. 숨이 차고 체력이 떨어지며 고비가 찾아올 때마다 '주저앉게 되지 않을까, 이대로 포기해야 하나?' 하는 생각이 들며 점점 불확실해집니다. 근근이 고비를 넘겨 결승선을 통과하면 또 다른 불안이 기다립니다. 완주했다는 안도감은 잠시뿐이고 '내 몸에 이상은 없을까?' 하는 새로운 불안이 다시 시작되죠.

　마라톤을 예를 들어 불안감이라는 감정을 화두로 꺼냈지만 사실 불안감은 인간의 전 생애 걸쳐 모든 희로애락의 감정과 섞여 언제나 공존하고 있습니다. 직장인이라면 막연하게 퇴직이라는 단어만으로 불안감은 일어나죠. 언제 어떤 모습으로 퇴직하게 될지, 퇴직 후 어떤 인생이 펼쳐질지 아무도 알 수 없기 때문입니다. 저 역시 언제 올지 모를 불안감으로 퇴직을 준비하며 덕분에⑺ 긴 시간 책을 읽고 글을 써 온 듯합니다. 그래서 허투루 할 수 없었죠. 남들보다 월등하지는 못해도 적어도 뒤처지지 않아야겠다는 불안이 매일 최선을 다하게 만들었습니다. 달려야 할 거리보다 달린 거리가 늘어날수록 완주에 대한 자신감이 붙듯 막연한 불안감 속에서 멀게만 느껴졌던 퇴직이 비로소 현실이 되었습니다.

　이렇듯, 살아가며 부딪히는 모든 일 속에서 인간은 불안감을 느낍니다. 한데 이 불안은 부정적으로 포장돼 온 까닭에 그 진실한 의미의 본질은 조명되지 못해 온 것 같습니다. 불안은 마치 양면의 얼굴을 가진 페르소나처럼 숨겨진 역할이 있습니다. 불안은 사람을 힘들게 만들기도, 힘을 내게 만들기도 하는 인간 본성의 감정입니다. 따라서 먼저 불안의 실체를 아는 것이 중요합니다. 실체를 알면 대처법이 나오게 됩니다.

　이 책에서 우리는 불안의 여러 모습과 각각의 대처법을 다룰 것입니다. 불안의 정체와 활용법, 연습 방법을 찾고 일상에서 불안을 줄이는 선택을 다룰 것입니다. 결국 불안은 우리 내면에서 자연스레 일어나는, 그리고 인위로 조절하기 어려운 자유로운 상태의 감정입니다. 따라서 불안의 순기능을 활용하면 인생을 조금 더 쾌활하고 가볍게 응용해 나갈 수 있습니다.
　스스로를 믿지 못하면 불안은 더 커질 뿐입니다. 한 번 일어나기 시작한 불안은 좀처럼 사라지지 않습니다. 어렵고 힘든 순간마다 핑계와 합리화되며 더 단단해 집니다.

　인생은 마라톤보다 더 멀고 더 오래 달려야 합니다. 우리 인생에서도 불안은 마라톤의 페이스메이커와 같습니다. 불안감을 알아차리고 적절히 활용할 수 있다면 이전보다 더 나은 기록으로 정해진 결승선을 통과할 수 있을 것입니다.

Chapter 01

멈출 수 없는 감정, 불안

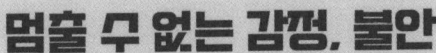
삶을 삼키려 하는 힘의 정체

01

열심히 살수록
더 커지는 흔들림

우리는 '열심히 살아야 한다'는 말을 들으며 자랐습니다. 성실함은 미덕이었고 치열함은 칭찬이었습니다. 한데 '열심히'와 '치열하다'는 말은 사람마다 다르게 해석됩니다. 하루 12시간을 일해도 만족하지 못하는 사람이 있고 하루 4시간 집중해도 충분하다는 사람도 있습니다. '열심히'라는 단어에 절대적인 기준이 없는 것이죠.

사회적 비교 이론에 따라 나를 남과 비교해서 평가하기 때문에 '열심히'라는 말은 나보다는 남의 기준을 따라가기 쉽습니다. 남들보다는 조금 더, 남들만큼은 하려고 경쟁하다 문득 돌아보게 되죠. '이 삶이 내 삶이 맞나? 이 일은 정말 내 일일까?'

자기결정성 이론(Self-Determination Theory, SDT, Deci & Ryan, 1985)에서는 삶의 만족도를 자율성, 유능감, 관계성으로 설명합니다. 이 세 가지가 충족되지 않으면 인간은 삶에서 의미를 느끼기 어렵다는 이론입니다. 근래 친구들과 모이면 빠지지 않고 등장하는 단어가 있습니다. 바로 '불안감'입니다. 열심히 살아왔다고 자부하지만 앞으로가 막막하다고 합니다. 인정받는 회사원, 성실한 가장, 책임감 있는 사회인이었지만 은퇴 후의 삶에는 쉽게 답하지 못합니다.

심리학자 에릭 에릭슨(Erik Homburger Erikson)은 인간의 중년기를 생산성과 침체의 시기로 설명했습니다. 이 시기에 후세대에게 물려줄 어떤 자기만의 의미 있는 직업을 가질 때 심리적 침체에 빠지지 않을 수 있다는 주장입니다.

우리는 그동안 너무 바빠 나를 돌아볼 틈이 없었습니다. 감정을 무시하고 취향을 뒤로 미루며 책임에만 너무 몰두했습니다. 그래서 중년 이후에 오는 불안은 삶의 다음 챕터를 준비하지 못한 데서 오는 자연스러운 감정입니다.

이제는 딴 짓이 필요합니다. 딴 짓은 나를 재발견하는 방법입니다. 누구는 여행으로, 누구는 글쓰기로, 도예나 자격증 공부, 유튜브나 SNS 활동으로 새로운 자아를 만나는 시간입니다. 중요한 것은 시작이 거창할 필요가 없다는 것입니다.

베스트셀러 작가 김수영은 '하루 10분 글쓰기'로 인생을 바꿨습니다. 수많은 사람들이 작은 시도에서 두 번째 인생을 열었습니다. 제임스 클리어(James Clear)는 『아주 작은 습관의 힘』(비지니스북스, 2019)에서 매일 1%의 개선이 인생 전체를 바꾼다고 말했습니다. 변화는 언제나 한 걸음에서 시작됩니다.

내 '일'에만 매달리는 것이 아니라 '내일'을 준비해야 할 때입니다. '그때 가서 하면 되지'라고 생각하지만 그때는 영영 오지 않을 수도 있습니다. 1초 뒤를 알 수 없는 인생입니다. 지금, 바로 당장 할 수 있는 딴 짓부터 시작해 보세요. 퇴직 후의 삶은 백지장이 아닙니다. 지금의 작은 습관과 시도, 딴 짓이 그 백지를 하나씩 채색할 것입니다. 넥타이를 조금 헐렁하게 매고 숨 쉴 수 있는 여유를 스스로에게 허락해 주세요. 그 여유가 결국 나를, 나답게 만들어 줄 테니까요.

중년에 접어들었다면 이제 '열심히'를 새롭게 정의해야 합니다. 더는 평균값을 위한 성실함이 아니라 나를 위한 진정한 의미의 몰입이 필요합니다. 우리는 이미 두 번째 출발선 위에 서 있습니다. 무엇을 하든 나를 위해 살아보세요. 나를 위한 '열심히'가 지금의 불안을 잊게 하고 오히려 더 단단한 나를 만들어 줄 것입니다.

02
불확실성이
키우는 두려움

　5년 전, 체중을 유지하고 건강을 챙기기 위해 혼자 점심을 먹기로 결심했습니다. 혼자 먹는 게 너무 낯설고 샐러드를 점심으로 먹는 것도 새로운 시도였습니다. 매장 앞에서 몇 분이나 서성이다가 겨우 용기를 내 들어갔습니다. 갈 곳 잃은 시선이 멈춘 메뉴는 탄수화물, 단백질, 지방이 균형 있게 들어간 탄단지 샐러드였습니다.

　저는 식사는 배가 부를 만큼 먹어야 한다고 생각해왔습니다. 한데 샐러드 한 그릇으로 하는 식사는 정반대였습니다. 처음에는 샐러드로 포만감을 느끼지 못해서 또 다른 걸 먹게 되지 않을까 걱정했습니다. 무엇보다 언제까지 이 정도의 점심을 먹어야 살이 빠질지 의심이 들었습니다. 그러나 판단하지 않기로 했습니다. 점심 메뉴를 바꾼 건 일종의 실험이었으니까요. 실험의 목적과 이유를 떠올리며 한눈팔지 않겠다고 마음먹었습니다. 스스로에게 최면을 걸었습니다.

'이 정도만 먹어도 충분히 배부르다'
최면은 효과가 있었습니다. 실험을 5년 동안 지속할 수 있었고 여전히 같은 몸무게를 유지하고 있으니 말입니다.

무슨 일이든 해보기 전에는 결과를 알 수 없습니다. 결과를 알기까지는 늘 불안합니다. 목적지를 알고 있어도 실제로 가는 동안 '이 길이 맞는 걸까?' 하는 의심이 들죠. 그 의심은 목적지에 도착했을 때 비로소 사라집니다. 샐러드 한 그릇으로 점심을 해결하겠다는 시도도 그랬습니다. 어느 정도 몸에 변화가 나타나기 전까지는 불안했습니다. 올바른 정보라고 믿고 시도했지만 결국 내가 원하는 결과로 이어질 때 비로소 맞는 정보였다고 확신할 수 있었습니다.
그러니 어떤 일이든 스스로 해보는 수밖에 없습니다. 불확실에서 벗어나려면 말이죠.

심리학자 앨버트 반두라(Albert Bandura)의 이론 중 자기 효능감(Self-efficacy)이론이 있습니다. 특정 행동을 시도하고 유지하는데 가장 중요한 요소 중 하나가 이 '자기 효능감'입니다. 즉 원하는 결과를 만들어낼 수 있다는 자신감이 있을 때 행동에 나서고 반복을 통해 성공 가능성을 높인다는 것입니다. 제가 점심으로 샐러드를 선택하고 꾸준히 실천해온 과정은 바로 자기 효능감을 키우는 실험의 연속이었습니다.

건강한 몸을 바라지 않는 사람은 없습니다. 어떻게 하면 건강해지는지도 대부분 압니다. 그러나 아는 대로 실천했을 때에만 건강한 몸에 가까워집니다. 그 과정은 늘 불안하기 마련이죠. 건강은 돈만 있으면 살 수 있는 새 차와 달리 완벽하게 통제할 수 없기 때문입니다. 건강한 음식을 먹고 꾸준히 운동해도 어느 날 갑자기 병이 찾아올 수 있는 것이 우리 몸입니다. 그래서 누구도 건강을 쉽게 장담할 수 없습니다. 어쩌면 살아있는 동안 건강만큼은 늘 불안과 함께할 수밖에 없다고 생각합니다. 그렇기에 건강에 더 관심을 두고 꾸준히 관리하는 건 당연한 일입니다.

방송인 유재석씨는 오랫동안 규칙적인 생활, 식단 관리, 운동으로 자기 관리를 이어왔다고 합니다. 그는 '바빠도 하루 30분은 꼭 운동하고 절제해서 먹는 습관이 큰 차이를 만들었다' 했습니다. 그의 라이프 스타일은 많은 사람에게 긍정적인 자극을 주었고 자기 효능감을 실천으로 증명한 사례이기도 합니다.

사람은 모르는 것에 불안을 느낍니다. 확신이 없을 때 불안감을 느끼죠. 내 몸 상태를 모르고 어떤 게 내 몸에 좋은 음식인지, 어떤 운동을 해야 할지 모르면 불안하지만 정보를 갖고 있으면 불안은 크지 않습니다. 그러나 불안감이 적다는 것과 완전한 확신은 차이가 있습니다. 앞서 말했듯 건강만큼은 확신할 수 없으니까요. 따라서 내가 할 수 있는 일은 보다 나은 선택을 하는 것뿐입니다. 꾸준한 실천을 통해서만 그 선택이 옳았다는 게 증명되겠지요. 바로 이 증명의 과정은 언제나 오롯이 나 자신을 위한 것입니다.

지금까지 점심으로 샐러드를 먹는 것도 하나의 실험이었습니다. 그사이 먹어야 할 음식과 피해야 할 음식도 가려냈고, 내 몸에 맞는 운동도 찾아오고 있습니다. 마찬가지로 모든 일은 이렇듯 머리로 아는 것만으로는 부족합니다. 직접 실천해 보고 결과를 얻을 때 비로소 불안은 줄어듭니다.

올바른 정보와 꾸준함을 통해서 모든 불확실로부터 조금씩 멀어질 수 있습니다. 시도하고도 결과를 얻지 못하면 불안은 어떤 형태로든 계속 따라다닐 것입니다. 완전히 떼어낼 수 없다면 불안과 함께 살아가는 자기만의 방법이 필요합니다.

심리학자 수전 제퍼스(Susan Jeffers)는 저서 『Feel the Fear and Do It Anyway』(Vermilion, 2017)에서 '두려움은 사라지지 않는다. 단지 그것과 함께 움직이는 법을 배워야 할 뿐'이라고 말했습니다.

불안과 불확실을 느끼고 있다면 완벽한 확신을 얻으려고 하기보다 지금 느껴지는 불안을 인정하고 할 수 있는 아주 작은 실천을 시도하는 것이 전략이라는 뜻입니다.

건강뿐 아니라 살면서 마주하는 수많은 불확실은 답을 미리 알 수 없습니다. 그래서 모든 일에 불안감을 느낄 수밖에 없습니다. 답이 짐작되는 쉬운 문제는 사람을 불안하게 하지 않습니다. 마라톤 풀코스를 처음 완주한 사람도 두 번째, 세 번째 대회에 기꺼이 출전합니다. 자기 체력이 충분하다는 것을 경험으로 알았기 때문입니다. 이렇게 경험으로 결과를 알게 되면 불안은 줄어듭니다. 그러나 남이 대신해 줄 수 없습니다. 시도했을 때에만 자기 것이 됩니다. 다시 말해서 불안을 줄이는 가장 확실한 방법은 불안해하는 그 일에 직접 부딪쳐 보는 것입니다.

결국 중요한 것은 있는 그대로 받아들이는 태도입니다. 지금 느끼는 불안을 인정하고 불안을 일으키는 그 일에 직접 들어가 경험할 때 불안으로부터 멀어질 수 있습니다. 불안의 원인을 모르면 두려울 수 있지만 불안의 원인을 알면 불안은 오히려 새로운 시작 버튼이 됩니다.

눈 감고 코끼리를 만지면 그림자는 커진다

 퇴직을 앞둔 사람이라면 앞으로의 안정적 수입이 가장 큰 걱정거리입니다. 고정 수입이 있고 없고에 따라 삶의 질이 결정되기 십상입니다. 그러나 월급만큼의 고정 수입을 만드는 일은 결코 쉽지 않습니다. 적성과 재능을 살린 일을 찾을 수 있다면 좋겠지만 입맛에 맞는 일을 찾는 것은 꿈같은 일입니다.

 퇴직에 쫓겨 성급하게 판단하는 사례도 적지 않고 전문가의 말만 믿고 선택하는 건 도박이나 다름없습니다. 운이 좋아 수익이 난다면 다행이지만 열에 여섯은 그렇지 못한 게 현실입니다. 정말 신중해야 될 선택을 누군가에게 의지해서 내렸을 때 오는 대가는 큽니다. 결국 불안함을 스스로 키운 셈이 됩니다.

 언젠가 무인카페 창업 설명회에 갔었을 때 빈자리가 없을 정도로 사람이 많은 걸 보고 요즘 대세 아이템이라는 말이 실감 났습니다. 참석자의 연령대도 50대, 젊은 부부, 혼자 온 30~40

대 남녀 등 다양했습니다. 1시간 남짓 진행된 설명을 듣고 보니 왜 모두 관심을 두는지 알 수 있었습니다. 가성비가 좋았고 매장 운영에 드는 시간과 노력에 비해 수익이 나쁘지 않았습니다. 직장을 다니면서도 충분히 병행할 수 있고 적은 투자금으로 안정적인 현금 흐름이 가능한 게 핵심이었습니다. 무인 카페의 핵심은 원격으로 조정되는 커피머신이고 기계가 사람의 역할을 대신해 주죠. 직장도 다니면서 하고 싶은 걸 할 수 있는 시간도 벌 수 있으니 당연히 삶의 질도 올라가겠죠.

저뿐만 아니라 그 자리에 있던 모두에게 공통된 한 가지는 바로 내일에 대한 불안이었을 겁니다. 나이의 많고 적음, 직업이 있고, 없고의 문제보다 불투명한 내일이 불안한 겁니다. 결국 안정된 수입원이 내일에 대한 불안을 어느 정도 덜어줄 테니까요.

하지만 퇴직을 앞두거나, 창업을 고민하거나, 이직을 준비하는 일이 단순히 돈 문제만은 아닐 것입니다. 어쩌면 지금 이 순간 내가 뭘 하고 싶은지 모르는 불안감이 기저에 깔려 있는 게 아닐까요? 불안의 실체를 모르는 데서 오는 반작용으로 우선 수입이라도 안정시키려는 임시방편을 선택하는 것은 아닐지 생각해 봅니다.

심리학자 칼 로저스(Carl R. Rogers)는 인간 내면의 불안을 현실의 나와 이상적인 나 사이의 간극이라고 말했습니다. 지금 이 순간의 내가 만족스럽지 않으면 사람은 누구나 불안을 느낍니다. 퇴직을 앞둔 중년이 불안한 이유는 단지 수입이 줄어들기 때문만은 아닙니다. 한때는 역할이 분명했던 내가 이제는 무엇을 해야 할지 모르는 사람이 되었기 때문입니다. 하고 싶은 일이 없는 게 아니라 원하는 게 뭔지 모른다는 사실이 더 큰 불안감을 주는 것입니다.

제가 강조하고 싶은 건 순서입니다. 먼저 현재에 만족하면 내일에 대한 불안은 어느 정도 해소됩니다. 오늘을 잘 살면 내일도 잘 살게 되는 것이 자연스러운 이치입니다. 오늘 잘 산다는 것은 결국 이 순간에 만족하는 것입니다. 모든 면에서 지금이 만족스럽다면 굳이 알 수 없는 내일에 대해 불안해할 이유가 없겠죠. 이런 이치는 일뿐만 아니라 경제적인 부분에서도 마찬가지입니다.

돈에 대한 갈증은 누구도 예외가 없습니다. 누구나 더 많은 돈을 벌고 싶어 합니다. 그러나 누구나 원하는 만큼 벌 수 있는 것은 아니죠. 문제는 이 결핍감으로 스스로 불안을 키우며 살지, 아니면 현재에 만족하며 불안을 줄이는 삶을 선택할지 입니다. 지금 이 순간에 집중하면 불안의 크기도 줄어듭니다. 불확실에서 오는 불안이 설 자리가 줄어듭니다. 반대로 이 순간에 집중하지 못하면 불안은 점점 커지고, 결국 다른 곳으로 시선을 돌리게 합니다. 그렇다면 어떻게 해야 할까요? 답은 멀리 있지 않습니다. 지금 이 순간, 내가 할 수 있는 일에 집중하는 것입니다.

하버드 의대의 존 카밧진(Jon Kabat-Zinn)박사는 마음챙김을 통해 불안과 스트레스를 줄이는 방법을 이렇게 제안합니다. '현재 순간에 온전히 주의를 기울이면, 불확실한 미래에 대한 두려움은 서서히 작아진다.'

카밧진 박사는 암 환자와 만성 통증 환자들을 대상으로 마음챙김으로 하는 스트레스 감소 프로그램을 운영했습니다. 그 결과 통증에 대한 불안과 스트레스가 현저히 줄어드는 변화를 확인했습니다.

그렇습니다. 중년을 훌쩍 넘겼거나, 생활에 급격한 변화가 생기면 내일에 대한 불안이 커질 수밖에 없습니다. 하지만 그럴수록 지금 이 순간에 더 집중해야 합니다. 불안은 섣부른 판단을 쉽게 끌어오기 때문입니다.

평소에 불안의 크기를 줄이려는 스스로 노력이 필요합니다. 자기 안에 있는 불안의 원인이 어떤 것인지 인식하는 것만으로도 불안은 줄어듭니다. 불안에 압도당하지 않으면 자연스럽게 현재에 집중할 수 있고 더 여유로운 판단도 가능해집니다.

눈을 감은 채 코끼리를 만지면 다리는 통나무 같고 코는 밧줄 같고 엉덩이는 벽처럼 느껴질 뿐입니다. 아무리 만져도 실체를 파악하지 못하니 불안만 커집니다. 지금에 집중하지 못하는 삶이 바로 그렇습니다.

오늘에 집중하는 삶은 눈을 뜨고 코끼리를 만지는 것과 같습니다. 어느 부위를 만져도 불안해할 이유가 없습니다. 지금 손끝에 전해지는 촉감에 집중하면 온전히 코끼리를 느낄 수 있습니다.

불안을 들여다보고 지금에 집중할 수 있는 다섯 가지 질문

하나. 나는 지금 무엇 때문에 불안한가?

둘. 이 불안은 내가 통제할 수 있는가?

셋. 지금 당장 내가 할 수 있는 작은 실천은 무엇인가?

넷. 이 실천을 꾸준히 반복할 수 있는가?

다섯. 불안이 완전히 사라지지 않아도 내가 계속할 수 있는 이유는 무엇인가?

04
집착이 만든
마음의 굴레

왜 집착하면 불안해질까요? 집착은 애착의 한 형태입니다. 존 볼비(Edward John Mostyn Bowlby)의 애착이론에 따르면 인간은 자신에게 안전기지 역할을 해주는 대상(사람, 관계, 환경 등)에 강한 애착을 형성합니다. 이 대상을 잃을 위험이 생기면 불안은 커지고 그 불안은 다시 집착을 강화합니다.

직장인에게는 월급이, 부모에게는 자식이, 투자자에게는 투자금이, 인간관계에서는 특정 사람이 안전기지가 됩니다. 물론 누구에게나 그 비중은 다르지만 손에서 놓지 못할 정도라면 분명 높은 비중을 차지합니다. 어쩌면 그것 하나만 바라보는 이들도 있습니다.

집착을 내려놓으면 몸과 마음이 편해진다는 것을 머리로는 압니다. 그러나 아는 대로 행동하기는 쉽지 않습니다. 그것들은 이미 삶 속에 깊이 자리 잡고 있기 때문입니다. 나 혼자만

편해지려면 얼마든지 포기할 수 있을지 모릅니다. 하지만 가족이 있고 혼자 살 수 없기에 어떤 식으로든 지고 가려고 합니다. 그래야 사람답게 살 수 있고 더 큰 의미와 가치를 얻을 수 있기 때문입니다. 월급은 안락한 삶을 보장하고 자식에 대한 투자는 의무이자 기대이며 많은 돈과 사람은 충만한 인생을 보장해 줍니다.

집착 때문에 안달복달하지만 한편으로 그것이 삶을 지탱하는 힘이 되기도 합니다. 이 힘을 바꿔 말하면 통제 욕구입니다. 인간은 미래를 예측하고 통제할 수 있을 때 안정감을 느낍니다. 그러나 통제가 어려운 상황 예를 들어 자녀의 성장, 직장의 변화, 인간관계의 불확실성과 같은 순간에는 불안이 커집니다. 그리고 불안을 줄이려는 시도로 집착이 강해집니다.

외부에서 보면 과도하게 몰입한 행동처럼 보일지 모르지만 정직 그 안에서 살아가는 사람에게는 지극히 당연한 일입니다. 저마다 삶의 목적이 다르기 때문입니다. 나에게 지극히 정상인 행동이 누군가에게는 이해되지 않을 수 있고 그 반대도 마찬가지입니다. 누구의 행동이 절대적으로 옳다고 할 수는 없습니다. 세상에 그런 기준은 존재하지 않으니까요.

직장을 아홉 번이나 옮기면서도 직장만 고집했던 것도 집착이었습니다. 분명 그 사이 다른 선택을 할 기회는 있었지만 용기를 내지 못했습니다. 두려웠기 때문입니다. 직장을 그만둔 내가 무엇을 할 수 있을지 알 수 없었고 설령 용기를 내어 시작해도 그것이 내 일인지, 그 일을 더 잘할 수 있을지 확신할 수 없었습니다. 오히려 다른 선택지를 바라보는 것이 직장에 대한 집착을 더 키웠습니다. 당장 직장만큼 안정적이고 빠르게 다시 시작할 수 있는 것이 보이지 않았기 때문입니다. '조금만 버티면 더 좋은 때가 올 것'이라는 막연한 기대도 집착을 부추겼습니다.

 공기가 가득 찬 공이 높이 튀어 오르듯 불만으로 가득했던 과거 때문에 어린 두 딸에게 잔소리를 더 했던 것 같습니다. '적어도 너희들은 나처럼 살지 말라'는 마음에서였죠. 이 또한 다른 형태의 집착이었습니다. 서로가 공감할 수 있는 방법은 아니었지만 부모로서 할 수 있는 최선이라고 스스로 포장했습니다. 그러니 아무렇지 않게 아이들에게 상처가 되는 말을 내뱉었고 다 너희들이 잘되길 바라는 마음이라고 정당화했습니다. 결국 뜻대로 행동하지 않는 아이들의 모습에 더 집착하고 더 불안해했던 것 같습니다.

 20년 넘게 술을 끊지 못했던 것도 관계에 대한 집착 때문이었습니다. 술이 좋아서 마신 것이 아니었습니다. 술을 마셔야 사람들과 이어질 수 있다고 믿었기 때문입니다. 실제로 관계의 시작에는 술이 있었고 인연을 이어가는 과정에서도 술은 빠지지 않았습니다. 술을 마시지 못하는 사람과는 만나도 할 일이 없다고 여겼습니다. 내가 이렇게 생각하면 남들도 똑같이 생각할 거라고 믿었고 그래서 술을 끊는 건 관계의 단절이나 다름없다고 느꼈습니다.

술 때문에 관계가 돈독해진 것인지 아니면 관계가 돈독했기 때문에 술을 끊을 수 없었던 것인지는 분명하지 않습니다.

자신을 발전시키는 건강한 집착은 필요합니다. 어떤 일을 하든, 집착은 성과를 내는 데 필수적인 요소입니다. 운동선수가 경기 전에 느끼는 불안은 더 나은 성과를 위한 준비와 집중으로 이어집니다. 작가가 원고 마감을 앞두고 느끼는 불안 역시 글을 완성하는 데 필요한 긴장감입니다. 이처럼 불안과 집착이 목표 지향적일 때 불안은 긍정적인 에너지가 되고 선순환을 만듭니다. 이런 불안과 집착은 누구에게나 필요합니다. 이 둘이 없다면 물에 물 탄 듯, 술에 술 탄 듯한 인생이 될 것입니다.

반대로 집착과 불안이 지나치면 강박장애, 불안장애, 회피 행동으로 이어질 수 있습니다. 끊임없이 손을 씻거나 반복해서

문을 확인하는 행동은 모두 불안을 줄이기 위한 집착적 반복 행위입니다.

불안하기 때문에 집착할까요? 집착하기 때문에 불안해질까요? 중요한 것은 이 둘을 어디에, 어떻게 사용하느냐입니다. 현실에 안주하며 반복되는 일상에 집착하는 사람이 있습니다. 내가 이루지 못한 것을 자식을 통해서도 이루지 못할까 노심초사하기도 합니다. 더 나아질 가능성이 없다는 것을 알면서도 포기하지 못합니다. 여기서 벗어나 본 적이 없고 벗어나면 큰일이라도 날까 두렵기 때문입니다. 그러니 더 불안해지고 불안해질수록 집착은 더 커집니다. 반대의 경우도 마찬가지입니다.

모든 결과에는 대가가 따릅니다. 대가를 치르는 과정에는 불안과 집착이 자연스레 따라옵니다. 그러나 이 과정을 거치면 오히려 불안과 집착에서 자유로워질 수 있습니다. 대가 없이 손에 넣은 것은 그만큼 쉽게 사라지기 마련입니다. 애초에 내 것이 될 수 없는 것들에는 집착도 불안도 생기지 않습니다.

어떤 면에서 불안과 집착은 자신을 성장시키는 도구입니다. 건강한 방향으로 활용할 수 있다면 그것은 삶을 한 단계 더 나아가게 하는 원동력이 될 것입니다. 지금보다 더 나은 자신을 원한다면 불안과 집착을 잘 활용해 보지 않겠습니까?

05
상상이 키우는
또 다른 얼굴

'상상이 현실이 된다'라는 말이 있습니다. 미국 사회학자 로버트 K. 머턴(Robert K. Merton)은 사람들이 어떤 일이 일어날 것이라고 믿고 그 믿음에 맞는 행동을 하기 시작하면 결국 그 일이 일어난다고 설명했습니다. 이를 '자기 충족적 예언'이라고 부릅니다.

저처럼 평범한 사람도 유퀴즈에 출연하는 상상을 끊임없이 한다면, 어느 날 유재석과 조세호 사이에 앉아 있을지도 모릅니다. 이미 수많은 사람이 간절한 바람을 현실로 만들어 그 자리에 섰습니다. 결코 가벼이 흘려들을 이야기가 아닙니다. 상상이 현실이 되는 차이는 어쩌면 그 간절함의 크기에 달려 있을지도 모릅니다.

TV 출연이 아니라도 우리는 저마다 간절히 바라는 상상을 품고 살아갑니다. 그 상상이 때로는 불안을 자초하기도 하지만 쉽게 포기할 수 없는 것이 인생입니다.

상사의 행동(꼴갑)을 더는 견디지 못해 잘 다니던 직장을 하루 아침에 그만둔 적이 있습니다. 당장 다음 날부터 갈 곳이 없었습니다. 점심시간을 이용해 친구를 만나는 것도 한두 번이었습니다. 직장을 그만뒀다는 사실은 금방 드러났고 아내에게도 며칠은 숨길 수 있었지만 월급날이 다가오기 전에 결국 들통이 났습니다.

어영부영 지내면서도 간절한 마음으로 다음 직장을 찾았습니다. 이력서 발송 버튼을 누르는 순간만큼은 온 우주의 기운을 그러모으는 기분이었습니다. 기필코 면접 기회가 오기를 바라면서요. 이런 과정을 지금까지 여덟 번이나 반복했습니다. 다행히 상상은 현실이 되었습니다.

마흔을 넘기면서 직장 생활에도 한계가 올 것이라는 불안이 커졌습니다. 넋 놓고 다니다가 어느 날 갑자기 쫓겨날 수도 있으니까요. 미리 퇴직을 준비하는 사람도 있고 누군가는 더 화려하게 두 번째 인생을 이어가기도 합니다. 반대로 날개를 펴보지도 못한 채 다시 원래 자리로 돌아오는 사람도 있습니다. 그들을 보며 '나는 어떤 쪽일까?' 막연히 기대 반, 걱정 반으로 하루하루를 보냈습니다.

무엇이든 시도할 때만 내 손에 어떤 결과가 쥐어질지 알 수 있습니다. 그래서 저는 스스로를 밀어붙이며 '뭐든 해보자'고 등을 떠밀었습니다. 지난 8년 동안 다양한 시도를 해왔습니다. 시도에 앞서 성공을 상상하는 것은 자연스러운 과정입니다. 누구도 실패를 바라며 시작하지 않으니까요.

하지만 현실은 냉혹합니다. 아무리 간절한 바람이 있어도 능력이 부족하고 최선을 다하지 않으면 결과는 실패로 이어집니다. 상상은 재능과 노력의 대체제가 될 수 없습니다. 상상 이전에 불굴의 의지로 실력을 키우고 뼈를 깎는 노력을 해야 합니다. 그에 대한 응답으로 바라는 상상이 비로소 현실이 됩니다. 대개의 실패는 노력이 상상에 미치지 못했기 때문이라고 저는 생각합니다.

직장을 옮기든, 사업에 뛰어들든, 공부를 시작하든 우리는 장밋빛 결과를 상상합니다. 그러나 어떤 도전도 하루아침에 성과가 나지 않습니다. 기간을 정하지 않고 할부금을 갚듯 매일, 매달 반복을 그냥 이어가야 합니다. 그 시간은 불안의 연속이지만 막연함을 이겨내는 유일한 방법은 주어진 순간에 최선을 다하는 것뿐입니다. 그것만이 불안에서 벗어나고 상상에 가까워지는 가장 확실한 길입니다. 끝이 정해지지 않은 그 시간이 지나가면서 결국 상상은 현실이 됩니다.

책 한 권 분량의 원고를 쓰는 데는 짧게는 6개월 보통 1년 정도가 걸립니다. 그렇다고 그 시간 동안 원고만 쓰는 것은 아닙니다. 직장에 다니거나 사업을 하며 틈틈이 써내는 것이죠. 저를 포함해 책을 완성한 모든 사람에게는 공통점이 있습니다. 기간이 얼마나 걸리든 그 시간 동안 '상상이 현실이 되길' 바라는 마음이 삶의 중심에 있다는 것입니다. 간절함의 크기에 따라 집필 기간은 단축되고 원고의 질도 올라갑니다. 끝까지 해내는 자신을 상상하지 못한다면 어느 순간 흐지부지되는 것은 당연한 수순일 것입니다.

무엇보다 이 기간 동안 단 한순간도 떨어지지 않는 것은 불안감입니다. 상상이 강렬할수록 불안도 함께 덩치를 키웁니다. 어떤 사람은 생생히 상상할수록 더 빨리 현실로 나타난다고 말합니다. 맞는 말입니다. 우리의 뇌는 그렇게 작동한다는 것이 과학적으로 수없이 입증되었습니다. 그렇다고 불안이 전혀 사라지는 것은 아닙니다. 결국 어느 쪽에 더 많은 에너지를 보낼 것인가의 차이입니다. 원하는 결과를 손에 넣는 상상에 힘을 줄지 실패와 좌절의 모습을 더 자주 떠올릴지에 따라 결과는 달라집니다.

직장에 다니면서 하고 싶은 일을 8년 동안 이어올 수 있었던 것도 상상이 바탕이 되었기 때문입니다. 하루 다섯 시간만 자며 책을 읽고 글을 쓰고 강의까지 이어가다 보면 체력도 정신력도 고갈됩니다. 때때로 이 일들이 나의 미래라는 확신에도 의심이 파고듭니다. 사람 마음이 언제나 완벽할 수는 없으니까요. 오락가락 흔들리며 나아가는 것이 사람입니다. 쓰러지지 않으려면 흔들려야 하는 자전거처럼 우리도 그렇게 앞으로 나아갑니다. 불안과 상상이 한 배를 탄 채로 말입니다. 핵심은 불안을 없애는 것이 아니라 불안을 견디는 능력(불안 내성)을 기르는 것입니다. 불안할수록 상상한 그 결과는 진짜라는 증거로 받아들이면 그것은 무기가 됩니다.

꾸준함은 불안보다 상상의 힘이 조금 더 강할 때 가능합니다. 불안이 몰려올 때마다 더 나아질 나를 상상해 보세요. 상상이 없었다면 현실만 탓하고 더는 노력할 이유를 찾지 못할 것입니다. 당장은 힘들고 불안해도 오늘 글 한 편을 써내면 조금 더 나아진 나를 떠올렸습니다. 빈자리가 많은 강연이라도 준비한 대로 꿋꿋이 해내면 결국 내 실력이 된다고 믿었습니다. 의심하고 탓하고 불만만 가졌다면 당장 포기했을 것입니다. 반대로 생각하면 해야 할 이유가 더 많아집니다.

상상과 불안은 등을 맞대고 있습니다. 어느 쪽이 얼굴을 드러

낼지는 순간의 기분에 달려 있습니다. 모든 순간 상상만 할 수는 없지만 그렇다고 불안과 가까이 지낼 이유도 없습니다. 누구나 더 필요하고 좋아하는 쪽을 압니다. 더 필요하고 좋은 것에 우선순위를 두는 것 그것이 답입니다. 상상이 현실이 될 때까지만 버티면 됩니다. 그리고 상상이 현실이 되면 또 다른 상상을 이어가면 됩니다. 그렇게 인생은 선순환을 만들어 갑니다. 저 역시 이 말이 저에게도 적용될지 도전해 보려 합니다.

나를 돌아보는 질문

요즘 어떤 상상을 품고 있나요?
그 상상을 위해 오늘 할 수 있는 아주 작은 일은 무엇인가요?
불안은 여전하지만 그 안에서 무엇을 선택하겠습니까?

끓는 냄비 속
개구리가 되지 않으려면

　물이 끓는 것을 느끼지 못하는 개구리는 결국 냄비에서 빠져나올 때를 놓칩니다. 사람도 변화할 때를 놓치면 끓는 냄비 속에 갇혀 평생 살아갈 수 있습니다. 개구리는 물이 끓는 것을 어떻게 알아차릴까요? 우리는 변화가 필요한 때를 언제 깨닫게 될까요? 바로 불안을 느낄 때입니다.

　우리 뇌는 위기 상황이 발생하면 생존 반응을 일으킵니다. 편도체가 조기 경고 시스템으로 작동해 위험을 알립니다. 그러나 개구리도, 우리도 불안이 보내는 신호를 제때 받아들이지 못할 때가 많습니다. 지금의 삶에 어느 정도 만족하고 있기 때문입니다. 제때 나오는 월급, 적당한 휴식, 보장된 일자리 등 굳이 애쓰지 않아도 일상은 그럭저럭 굴러가기 때문입니다.

　돌이켜보면 불안은 늘 신호를 보냈습니다. 직장에 진득하게 머물지 못하고 메뚜기처럼 이곳저곳 옮겨 다닐 때마다 불안이 따라왔습니다. 매번 스스로에게 물었습니다.

'한 곳에 자리 잡지 못하면 계속 불안하게 지낼 수밖에 없어. 가족도 힘들 거야' 불안에서 벗어나려면 어떻게든 한 곳에 자리를 잡아야 한다고 스스로에게 다짐했습니다. 감정에 휘둘리지 말고 더 중요한 가치에 중심을 두어야 한다고 말했습니다. 그러나 머리로는 알았지만 정작 중요한 순간마다 감정에 지고 말았습니다.

자신의 일에 만족하며 자아를 실현하는 사람은 극히 일부입니다. 나머지 대부분은 달고나 틀에 찍힌 모양처럼 정해진 틀 안에서 살아갑니다. 힘을 주면 부서질까 눈치를 보며 살금살금 제 역할만 하면서 말이죠. 현실이 만족스럽지 못해도 벗어날 엄두를 내지 못합니다. 순간만 참으면 사는 데 지장이 없기 때문입니다. 바늘에 침을 묻혀 별 모양을 따는 용기를 내는 사람은 극히 일부임을 알기에 많은 사람은 차라리 시도조차 하지 않는 편을 선택합니다.

이처럼 불안을 줄이기 위해 현실을 고수하는 심리를 '현상 유지 편향'이라고 부릅니다. 변화를 기회가 아니라 위협으로 느끼는 경향입니다.

그렇다고 현실이 언제까지나 안락함을 보장해 주는 것도 아닙니다. 예고 없이 자리를 빼앗기는 경우가 부지기수입니다. 준비할 틈도 없이 길거리로 내몰리기도 합니다. 망연자실할 시간조차 없이 계속 살아야 한다고 등을 떠밀리는 것이 현실입니다. 그러다 길을 잘못 들면 벼랑 끝으로 내몰리기도 하고 아무나 믿었다가 가진 것을 모두 잃기도 합니다. 이 모든 선택은 온전히 자신의 몫입니다. 인생은 '빽도'를 허용하지 않습니다. 그대로 주저앉을지 이를 악물고 다시 일어설지는 자기 선택입니다.

8년 전, 목적 없이 책을 읽기 시작했습니다. 그 무렵 불안이 목구멍까지 차올랐습니다. 직장에서의 불만은 발만 대도 터지는 지뢰였고 가족에게는 송곳보다 날카롭게 대했습니다. 스스로에게는 끝없는 못마땅함이 쌓여 있었습니다. 삶의 어느 한 부분에서도 돌파구를 찾지 못하던 시절이었습니다. 다행히 책을 읽으면서 당시의 제 모습이 하나씩 눈에 들어왔습니다. 조금씩 불안이 보내는 신호도 알아차리게 되었습니다. 귀가 열리고 눈이 뜨이고 호흡이 정상으로 돌아오는 것 같았습니다. 그제야 '생각'이라는 것을 하게 되었습니다.

고요한 새벽, 과거의 나를 돌아보니 불안은 끊임없이 신호를 보내왔습니다. 그러나 변화할 방법도 용기도 없었던 나는 그 신호를 외면했습니다. 결국 불안이 목구멍까지 차도록 둔 것입니다. 그런 내 모습을 인식하면서 비로소 무엇을 해야 할지 고민하게 되었습니다. 무엇보다 불안이 보내는 신호를 받아들이기 위해 깨어 있어야 했습니다.

  책을 읽고 나를 돌아보고 변화와 성장을 선택해도 불안은 따라옵니다. 아마 숨 쉬는 동안 불안을 완전히 없애지는 못할 것입니다. 그렇다면 곁에 두고 알아차리며 어르고 달래며 함께 가는 겁니다.

  더 늦기 전에 변화를 선택해 다행입니다. 늦고 빠름은 중요하지 않습니다. 받아들일 준비가 되었을 때 변화를 선택하는 것입니다. 이유가 뭐든, 불안에서 벗어나기 위한 성장은 멈추지 않으면 됩니다. 멈추는 순간 불안의 먹이가 되고 말 테니까요. 다시 과거의 끓는 물속 개구리로 돌아가고 싶지 않습니다. 불만 덩어리가 되는 것도 원치 않습니다. 불안이 보내는 신호를 알아차린 덕분에 적어도 과거의 못마땅한 모습과 이별하는 중입니다. 그리고 새롭게 달라진 나를 맞이하는 중입니다. 시간은 걸리지만 충분히 투자할 가치가 있습니다.

  불안은 우리에게 끊임없이 신호를 보냅니다. 눈치 빠른 사람은 남들보다 일찍 불안으로부터 벗어납니다. 반대로 현실에 안주하는 사람은 그 신호를 무시합니다. 자신이 끓는 물속 개구리인지도 모른 채 말입니다. 조금만 용기를 내면 불안이 보내는 신호를 인정하고 다른 선택을 할 수 있습니다. 당장 하늘이 두 쪽 날 만큼의 변화는 일어나지 않겠지만 알아차림이 변화의 시작입니다. 조금씩 나에게 더 중요한 것을 선택하고 다른 길로 가볼 용기도 생깁니다. 그 선택과 용기가 결국 불안으로부터 나를 지켜줄 것입니다.

사람들은 파란불을 보고 횡단보도를 건넙니다. 파란불은 낮과 밤을 가리지 않고 일정한 간격으로 켜집니다. 이번 신호를 놓쳤으면 다음 신호에 건너면 됩니다. 어쩌면 불안이 보내는 신호도 횡단보도 신호등과 다르지 않습니다. 내 삶에 어떤 방식으로든 꾸준히 신호를 보내고 있기 때문입니다. 삶이 만족스러울 때는 그 신호가 눈에 들어오지 않을 수 있습니다. 횡단보도를 건널 이유가 없는 것과 같습니다. 그러나 그 자리에 머무르면 보이는 건 달라지지 않습니다. 우물 안 개구리일 뿐입니다.

그러다 어느 날 파란불이 눈에 들어옵니다. 저 건너편에 무엇이 있을지 궁금해집니다. 신호가 들어온 김에 용기 내 한 발을 내디뎌 봅니다. 그러면 이전에 보지 못했던 낯선 풍경과 만나게 됩니다. 막연하고 불안했던 곳도 막상 마주하면 별 볼일 없거나 아니면 새로운 신세계가 펼쳐집니다. 별 볼일 없다면 돌아오면 됩니다. 신세계라면 한 발 더 내디뎌 보면 됩니다. 둘 중 어느 것이든 그 순간 이전의 불안은 더 이상 존재하지 않습니다. 대신 앞으로 펼쳐질 미래에 대한 다른 불안이 자리합니다. 그러나 그때의 불안은 막연하지 않습니다. 실체가 드러난 내가 통제할 수 있는 불안입니다. 이 알아차림이 결국 물이 끓기 전 냄비 속에서 벗어나게 해줄 것입니다.

일상에서 보내는 신호

직장에서 가슴이 답답했던 순간

말을 아끼던 가족에게 괜히 날카롭게 대했을 때

새벽에 잠들지 못하고 뒤척이는 자신을 볼 때

낯선 것들에 관심이 갈 때

늘 만나던 사람이 시큰둥해질 때

07

통제하려 할수록
더 흔들린다

    출판사에 투고하는 과정은 불확실을 확신으로 바꿔 가는 여정입니다. 수많은 거절을 예상하고 투고를 시작합니다. 어김없이 거절 메일이 돌아옵니다. 하지만 멈추지 않습니다. 열릴 때까지 두드리면 결국 문을 열어주는 출판사를 만나게 됩니다. 기꺼이 내 원고를 출간하겠다는 출판사를 만나면 그제야 불확실은 확신으로 바뀝니다. 그러나 그때부터 또 다른 불안이 시작됩니다.

'기대만큼 반응이 뜨거울까? 손익분기점을 넘길 수 있을까?'

    저는 판매 부수를 예측하며 계약하지 않았습니다. 예측할 만큼 깜냥이 되지 않았기 때문입니다. 책을 내주겠다는 출판사를 만나는 것만으로도 감사했습니다. 내 이름으로 책이 나오면 제일 먼저 책을 사는 사람은 저입니다. 그래야 조금이라도 판매 부수가 올라갑니다. 이곳저곳 알리기 위해 수십 권을 구매하고 출판사도 그것을 기대합니다. 누가 먼저랄 것 없이 부지런히 홍보해야 이름을 알릴 수 있는 게 출판계의 현실입니다.

수개월 때로는 몇 년간 정성을 다해 책을 써냅니다. 그러니 출간 후 반응이 기대되는 건 당연합니다. 작가라면 누구나 같습니다. 노력한 만큼의 반응을 바라고 그 기대는 끝이 없습니다. 하지만 기대는 기대일 뿐 곧 현실과 마주합니다. 지지부진한 판매 부수와 시큰둥한 반응에 또 한 번 기운이 빠집니다. 어쩌면 기대하지 않는 것이 가장 현실적인 선택일지 모릅니다.

그러나 사람인지라 기대를 완전히 버릴 수는 없습니다. 기대마저 없다면 책을 낼 이유도 없을 테니까요. 그렇다고 사람들의 관심을 받는 것이 책을 쓰는 목적은 아닙니다. 내가 쓴 주제를 필요로 하는 누군가에게 닿기를 바라는 것, 그것이 먼저입니다. 이 마음이 없다면 절대 끝까지 써낼 수 없습니다. 관심은 그다음입니다. 어쩌면 운이 필요한 영역이기도 합니다.

책을 쓰며 불안이 커질 때는 목적이 흐려졌기 때문입니다. 돕겠다는 의도보다 관심 받고 싶은 마음이 앞설 때 불안도 커집니다. '관심'은 내가 통제할 수 없는 영역입니다. 반대로 책을 쓰는 목적은 내가 온전히 통제할 수 있습니다. 오직 목적만 바라본다면 끝까지 써낼 수 있습니다. 순수한 목적과 누군가를 돕겠다는 신념은 흔들리지 않게 나를 붙잡아 줄 것입니다.

성취 심리학은 목표 추구 방식을 두 가지로 나눕니다. 하나는 성과지향형, 타인의 인정과 결과에 초점을 둡니다. 다른 하나는 숙련지향형, 개인의 성장과 학습, 자기 개선에 초점을 둡니다. 불안을 줄이는 데 효과적인 것은 당연히 후자입니다.

우리의 불안은 미래에 대해 생각하는 데서 비롯되는 게 아니라, 미래를 통제하려는 데서 시작한다.

-칼릴 지브란 *Kahlil Gibran*

내가 잘 아는 주제로 책을 쓸 수 있지만 그 책에 대한 반응은 아무도 알 수 없습니다. 대중의 반응은 내가 통제할 수 있는 영역이 아닙니다. 통제할 수 없는 것을 통제하려 할 때 불안은 커집니다. 대부분의 작가는 이를 머리로는 알지만 막상 책이 세상에 나올 때는 기대를 품습니다. 관심을 바라는 마음은 인지상정입니다. 그것은 동시에 내가 쓴 책에 대한 확신이 있고 더 많은 사람이 좋아해 줄 것이라는 자신감이 있기 때문입니다.

1886년 세상을 떠난 에밀리 디킨슨(Emily Dickinson)은 생전에 단 10여 편의 시만 출간했습니다. 사후 1,800여 편의 시가 발견되었고 1920년대가 되어서야 위대한 시인으로 이름을 올립니다. 그녀는 세상의 반응이 아닌 글을 쓰는 이유 그 자체에 집중했습니다.

프란츠 카프카(Franz Kafka)는 죽기 전 친구에게 "내 글을 모두 불태워 달라"라고 말했습니다. 그는 자기 글에 대한 불안을 견디지 못했지만 친구 막스 브로드(Max Brod)가 유작 『변신』, 『실종자』, 『심판』,을 지켜냈기에 사후에 작품성을 인정받을 수 있었습니다. 만약 그가 당대의 평가만 신경 썼다면 작품은 세상에 나오지 않았을지도 모릅니다. 이처럼 대중의 관심과 인정은 때로 시기를 달리합니다. 중요한 것은 오직 자신의 이야기를 끝까지 써내는 것입니다. 지금까지 저는 글을 쓰며, 그 쓰는 목적이 변하지는 않았습니다. 한 권씩 세상에 내어놓으며 조금씩 독자에게 닿고 있다고 믿습니다. 바위를 뚫는 것은 멈추지 않고 떨어지는 물방울입니다. 앞으로도 쉼 없이 써낸 글들이 결국 독자의 시선을 저에게로 향하게 할 것이라 믿습니다.

통제할 수 없는 것에 매달리면 불안은 커집니다. 반대로 통제할 수 있는 것에 집중하면 불안으로부터 멀어집니다. 대중의 관심을 한 번에 받을 수는 없지만 독자 한 사람에게 닿는 글은 쓸 수 있습니다. 오늘 한 명과 소통했다면 내일은 또 다른 한 명과 소통하면 됩니다. 시간은 걸리겠지만 그 시간 동안 불안은 설

자리가 없습니다. 매일 글 한 편 써내는 일 그것은 내가 통제할 수 있는 영역입니다. 이 작은 실천이 쌓여 작은 승리가 되고 작은 승리는 불안을 이기는 가장 현실적인 도구가 됩니다.

오늘 내가 할 수 있는 일을 하며 현재를 통제할 수 있다면 미래에 대한 불안도 통제할 수 있습니다. 아무것도 하지 않을 때 불안은 커집니다. 그러나 할 수 있는 일을 하는 순간 불안은 자리를 잃습니다. 그런 날이 이어지면 미래는 분명 자신의 의지대로 만들어질 것입니다. 미래에 대한 불안은 결국 오늘을 잘 살아내는 것으로 극복할 수 있습니다.

여러분도 이 말에 동의하시나요?

나를 돌아보는 질문

오늘 당신이 통제할 수 있는 것은 무엇인가요?
그 작고 단단한 실천을 오늘 했나요?
내일도 그것을 반복할 의지가 있나요?

미루는 습관이 만든
그림자

　회사에서 천왕역까지 이어진 길은 봄마다 벚꽃으로 가득합니다. 같은 길도 매번 느낌이 전혀 다릅니다. 더구나 올해는 이 길의 벚꽃을 보는 마지막 해입니다. 해마다 벚꽃이 피면 스스로에게 묻곤 했습니다. '내년에도 이 길을 걷고 있을까?' 이 질문에는 같은 직장, 같은 일상을 이어갈지에 대한 고민이 숨어 있었습니다. 봄이 올 때마다 직장을 그만둘 결심이 머릿속에 스쳤지만 여덟 해 동안 외면했습니다. 자신감이 없었고 결과를 먼저 상상하며 더 망설였습니다. 한편으로 언제까지 주저할지 못마땅했지만 부딪치기 전에는 알 수 없다는 단순한 사실을 자꾸 잊었습니다.

　심리학에서 프로크래스티네이션(미루는 습관)은 장기적으로 불안, 스트레스, 자기혐오를 부른다고 설명합니다. 연구에 따르면 과제의 난이도보다 할 일을 미루는 나 자신이 더 큰 문제라고 합니다. 결국 미루는 행위 자체가 불안을 키우는 셈입니다.

도전을 앞두고 늘 스스로에게 물었습니다. '나는 정말 내 일에 진심인가? 스스로 만족할 만큼 최선을 다했는가? 누구에게나 당당하게 말할 만큼 노력했는가?' 이 질문에 쉽게 답할 수 없었습니다. 노력은 숫자로 표현되지 않고 자기만족에 빠지면 오히려 안 하니만 못할 수도 있습니다. 나이에 기대어 호기심에만 기대는 태도 역시 변명일 뿐입니다. 자신에게 당당할 만큼 열심히 살았다면 도전 앞에 망설일 이유가 없었겠죠.

드라마 <시그널>, <악귀>, <킹덤>, <싸인>을 히트시킨 김은희 작가는 하루 10시간 이상 키보드를 두드리며 몇 년씩 한 작품을 준비합니다. 화면에 비친 그녀의 노트북 자판은 글자가 다 지워져 있었습니다. '내 일에 미친다는 건 저런 거구나' 싶었습니다. 과연 나도 저럴 수 있을까? 머리로는 알지만 아는 대로 행동하면 좋겠지만 사실 이제까지 이런저런 핑계를 댔었습니다.

야구의 신으로 불리는 김성근 감독은 한 인터뷰에서 이렇게 말했습니다. "내일이 있으니 오늘은 괜찮다는 마음가짐이 아니라, 오늘 해야 할 일을 하다 보면 어느새 내일이 와 있는 삶을 살고자 했다."

그의 철학이 60년 야구 인생을 지탱했다는 사실이 깊이 와 닿았습니다. 오늘에 최선을 다하면 내일은 자연스럽게 더 좋아진다는 진리는 누구에게나 적용됩니다. 그걸 모르는 것도 아닌데 저는 왜 스스로에게 당당하지 못한 시간을 보내왔을까 반성하게 됐습니다.

퇴직을 달갑지 않아 하는 아내가 물었습니다.
"앞으로 계획이 어떻게 돼?" 머뭇거렸습니다. 장황하게 말하자니 허풍 같고 아무 말 안 하자니 더 걱정을 줄 것 같았습니다. 고민 끝에 꺼낸 말은 단순했습니다.
"열심히 해보려고"
아내는 말했습니다.
"열심히는 누구나 해. 명확한 계획이 필요하지"
맞는 말입니다. 세상 누구도 대충 살지 않습니다. 은퇴 후 새 일을 시작하려면 더 철저한 준비가 필요합니다. 김은희 작가처럼 키보드 글자가 사라질 정도의 열정도, 김성근 감독처럼 60년을 버틸 각오도 없었으니까요.

백 번 말하는 것보다 한 번 행동으로 보여주는 것이 낫습니다. 내일이 있다는 핑계로 오늘을 게을리 살 수 없습니다. 그래봐야 남는 건 후회와 실패뿐입니다. 선택한 이상 어떤 결과든 마주하게 됩니다. 원하는 결과로 만드는 건 오늘에 달렸습니다.

불안의 선순환을 만드는 공식은 단순합니다. 오늘 해야 할 일을 미루면 → 불안이 커지고 → 내일 할 일은 두 배로 늘며 → 무기력해지고 → 자기 신뢰감이 떨어집니다.

반대로 오늘 할 일을 해치우면 → 마음이 가벼워지고 → 내일은 여유가 생기며 → 꾸준함이 자기효능감을 키우고 → 불안보다 성장의 감각이 커집니다.

오늘 해야 할 일을 미루면 불안만 커집니다. 불안은 해야 할 일이 끝날 때까지 사라지지 않습니다. 그러나 오늘 그것을 끝내면 내일이 올 때까지 불안도 사라집니다. 김치는 오래 묵힐수록 맛이 나지만 불안은 묵힐수록 더 커집니다. 오늘을 잘 살면 불안은 줄어듭니다. 대단한 무언가가 필요하지 않습니다. 주어진 일을 오늘 해내는 것 그것만으로 충분합니다. 매일의 노력이 쌓인 성과는 어느 날 더 큰 빛을 발할 것이고 불안은 그만큼 작아질 것입니다.

나를 돌아보는 질문

오늘 내가 미루고 있는 일은 무엇인가요?
그 일을 내일로 미루면 어떤 감정을 겪게 될까요?
오늘 내가 할 수 있는 가장 작은 행동은 무엇인가요?

마음이 빚어낸
이야기

'당했네, 또 당했어.'

그의 목표는 명확했다. 자신을 둘러싼 수십 명 중 단 한 사람이라도 자기 말을 믿게 만드는 것이었다. 그는 언제나 적어도 한 사람은 자신의 말을 믿게 했다. 믿음에 옳고 그름은 중요하지 않았다. 그의 말은 그 순간만큼은 진리요, 계시나 다름없었다. 그러나 시간이 지나면 대부분은 그 말이 틀렸고 논리에 맞지 않았으며 자신이 속았다는 걸 뒤늦게 깨달았다. 일부는 다시는 속지 않겠다고 다짐하며 그와 마주했지만 그의 말에 또다시 무너졌다. 일말의 의심도 없이.

시간이 흘러도 사람들은 변하지 않았다. 언제나 그의 말에 속았고 속았다는 걸 알면서도 다음번에도 똑같이 당했다. 속수무책이었다. 다행히 시간이 지나면서 누군가는 그의 말에 속지 않는 방법을 알게 되었다. 그러나 그 방법은 완벽하지 않았다. 그는 허점을 파고들었고 사람들은 속절없이 다시 무너졌다. 이런 싸움은 반복됐다. 누가 이기나 끝까지 가보자는 식이었다. 끝이 보이지 않는 싸움이었다. 이 싸움에서 누가 이겼을까? 불행히도 그는 아직도 사람들을 속이고 있다. 사람들은 여전히 그에게 속고 있다.

앞의 이야기에서 '그'는 누구일까? 누구길래 모든 사람을 속일 만큼 대단한 능력을 가졌을까요? 또 절대로 지지 않는 논리로 사람을 꾀는 걸까요? 여러 번 상대했으면 한 번은 이길 법도 한데 왜 번번이 지기만 할까요? 과학이 발달하면서 정복하지 못하는 일이 점점 줄어드는 시대인데 말이죠. 인공지능 개발과 발전으로 가속도가 붙었지만 인간의 뇌와 인공지능을 더해도 아직 '그'를 이겼다는 소식은 없습니다.
그는 바로 우리 마음입니다.

직장 생활 20년째, 가족의 생계를 책임지기 위해 낙오자가 되지 않으려 안간힘을 썼습니다. 싫은 소리도 견디고 하기 싫은 일도 웃으며 찬밥 더운밥 가리지 않는 게 직장인의 숙명이었습니다. 상사에게 들은 잔소리를 술로 달랬습니다. 동료에게 받은 스트레스는 폭식으로 이겨냈습니다. 더위는 물 대신 맥주 한 캔으로, 추위에 몸을 녹이려고 따뜻한 캐러멜 마키아토를 마셨습니다. 술과 음식, 달콤한 건 위로라고 믿었습니다.

일상은 반복되었습니다. 직장에 다니는 동안 상사의 잔소리는 계속되고 스트레스는 끊이지 않았으며 사계절은 알아서 돌아왔습니다. 그럴 때마다 먹는 것을 손에서 놓지 않았습니다. 그래야 버틸 수 있다고, 그거라도 해야 살아낼 수 있다고 마음이 말했습니다.

벗어나고 싶었습니다. 정말 내가 하고 싶은 일을 찾고 싶었습니다. 그러나 용기를 내기에는 두려움이 앞섰습니다. 이마저도 잃을까 걱정이 더 컸습니다. 그래도 한 번은 용기 내야 할 때가 오는 건 변하지 않았습니다. 그게 사실이라면 이왕이면 빨리 벗어나는 게 낫지 않았을까요? 용기 내지 못하고 망설이고 포기하고 주저앉았던 건 다 내 마음이 만든 이야기 때문이었습니다.

호기심에 덜컥 마라톤을 신청했습니다. 한 번도 뛰어본 적 없는 거리였습니다. 경기 당일 몸 상태도 최상은 아니었습니다. 기대 반 걱정 반으로 출발선에 섰습니다. 믿는 구석은 없었지만 완주하지 못한다는 생각은 하지 않았습니다. 평소 연습한 대로 페이스를 조절하며 제 속도로 달렸습니다. 앞서거니 뒤서거니 반복하며 거리는 늘었고 반환점을 돌 때까지는 해볼 만했습니다. 달린 거리보다 남은 거리가 줄어들자 조금만 더 힘을 내면 완주할 수 있겠다는 생각이 들었습니다. 몸 여기저기에서 신호가 왔지만, 조금만 버티자고 다독였습니다. 결국 난생처음 21.0975킬로미터를 완주했습니다. 할 수 있다고 믿어준 제 마음 덕분이었습니다.

마음은 시시때때로 우리에게 말을 겁니다. 마음은 틈만 나면

속삭입니다.

"네가 지금 용기 내면 가족 생계는 어떻게 책임질 건데? 당장 월급만큼 벌 수 있어? 월급이 안 들어오면 아이들 학원도 못 보내고 외식 한 번도 못 할 거야. 그러니 그냥 살던 대로 살아. 적어도 월급으로는 적당히 살 수 있잖아"

이런 마음의 말에 나는 매번 주저앉았습니다. 속주머니에 사직서를 넣어두고도 꺼내지 못했습니다. 마음의 말에 타협하고 말았습니다.

마음은 달콤하게 유혹했습니다. "그래, 오늘만 마시고 내일부터 끊는 거야. 오늘은 마실 만한 이유가 있잖아. 힘든 너에게 술이든 음식이든 위로가 필요해. 맛있게 먹으면 '0'칼로리라는 말도 있잖아. 먹고 죽은 귀신이 때깔 좋다는 말도 있어. 그러니까 오늘은 마음껏 먹어. 너는 그럴 자격 있어"

이런 합리화에 휘둘려 술로 위로하고 폭식으로 마음을 달랬습니다. 숙취에 시달리고 야식에 밤잠을 설쳐도 버틸 수 있다고 스스로를 속였습니다. 비만과 콜레스테롤, 염증이 찾아와도 말이죠. 그렇게 번번이 마음의 말에 놀아났습니다.

하지만 가끔 마음은 옳은 소리도 했습니다.

"이제 3킬로미터밖에 남지 않았어. 지금까지 잘 달렸어. 달린

게 아까워서라도 여기서 포기하면 안 돼. 이보다 더한 고통도 이겨냈잖아. 군대에서도 사업이 망했을 때도 개인회생까지 버텼잖아. 이 몸의 고통이 그때보다 더하겠어? 조금만 더 힘내자. 결승선을 통과하는 너를 상상해. 완주 소식을 가족에게 전하는 모습을 떠올려. 결승선이 보인다. 힘내자"

육체가 고통스러울 때는 물론 정신이 힘들었던 순간에도 마음은 이렇게 말을 걸었습니다. 버틸 수 있다고 이겨낼 수 있다고 말했습니다.

이렇게 마음이 건네는 부정과 긍정의 대화는 결국 우리를 감정과 행동으로 이끕니다. 이런 마음 작용을 '자기 충족적 예언'이라고 부릅니다. 내가 만든 믿음이 행동을 이끌고 그 행동이 예언을 실현시키는 과정을 뜻합니다.

나는 절대 못 해 → 시도하지 않음 → 정말로 실패.
힘들지만 해볼 만해 → 시도 → 의외로 해냄.

이런 식으로 마음은 현실을 만들어갑니다. 우리 마음은 어떤 이야기든 만들어낼 수 있습니다. 이야기를 만드는 건 결국 오롯이 자기 자신입니다. 내가 어떤 생각, 태도, 기준을 갖고 있느냐에 따라 이야기는 달라집니다. 누구나 더 나은 이야기를 바랍니다. 부정보다 긍정을 바라고 마음은 우리가 생각하는 대로 이야기를 씁니다.

여러분은 지금 어떤 이야기를 듣길 원하십니까? 원하는 이야기를 듣기 위해 우리는 무엇을 해야 할까요? 내가 만든 이야기에서 나는 언제나 주인공입니다. 조연이 아니라 주연으로 사는 삶, 마음먹기에 달려 있습니다.

마음이 만드는 이야기에 따라 불안의 크기와 모습도 달라집니다. 마음속 이야기는 내가 만들기 나름입니다. 나에게 힘이 되는 이야기를 쓸지 나를 괴롭히는 이야기를 쓸지는 마음에 달렸습니다. 우리는 이 두 가지 이야기를 모두 쓸 수 있는 능력을 지니고 있습니다. 내가 쓰는 이야기에 따라 불안도 통제할 수 있습니다. 불안에서 한 걸음 물러서면 마음이 쓰는 이야기도 내가 원하는 대로 써나갈 수 있습니다.

결국 마음도 불안도 내가 내 삶의 주인이 되고자 할 때 원하는 장면을 연출할 수 있습니다.

나를 돌아보는 질문

지금 당신 마음은 어떤 이야기를 하고 있습니까?
그 이야기는 진짜입니까, 익숙한 거짓입니까?
오늘부터 새로운 이야기를 쓴다면, 첫 문장은 무엇입니까?

10
태도가
불안을 키운다

손바닥도 마주쳐야 소리가 난다고 생각했습니다. 무례한 사람에게는 예의를 갖출 필요 없다고 믿었습니다. 문제는 직장이었고 무례한 사람은 상사였습니다. 대부분은 아랫사람이 참고 넘어가는 게 미덕이고 옳고 그름은 나중 문제라고 배웠습니다. 그러나 막무가내로 자기 합리화와 강압을 일삼는 상사를 상사로 모시고 싶지 않았습니다. 그래서 아무 말 없이 대낮에 사무실을 나왔습니다.

가까운 정류장에서 가장 먼저 오는 버스를 탔습니다. 낮이라 빈자리가 많았습니다. 맨 뒷자리에 앉아 노선표를 보니 김포공항이 눈에 들어왔습니다. 사람 많은 곳으로 가고 싶었습니다. 이 시간에 그들은 무엇을 하는지 보고 싶었습니다. 어려서부터 걷는 것을 좋아했고 사람 구경을 즐겼습니다. 사람들을 바라보고 있으면 머릿속 걱정이 사라지고 감정도 차분해졌습니다. 그리고 나면 다시 원래 자리로 돌아올 수 있었습니다. 아마 그때부터 스트레스를 이런 방식으로 풀었던 것 같습니다. 직장에 매여 살다 보니 한동안 낮 시간에 돌아다니는 걸 잊고 지냈습니다. 오랜만에 맛보는 한낮의 여유였습니다.

몇 번을 왕복했는지 모를 정도로 공항을 오갔습니다. 사람 틈 사이를 잰걸음으로 옮겨 다니다 보니 들끓었던 감정도 잔잔해졌습니다. 다리가 아프다는 걸 느끼고서야 눈에 보이는 의자에 앉았습니다. 시선은 여전히 사람들에게 머물렀습니다. 바라볼수록 의문이 생겼습니다. '평일 낮에 공항에 있는 이들은 어떤 사람들일까, 그들은 어떻게, 무엇을 보며 살고 있을까?'

그렇다고 모두가 즐거운 마음으로 여기 있는 건 아닐 겁니다. 사람 수만큼 사연이 있을 겁니다. 손에 든 가방에는 짐작할 수 없는 감정도 담겨 있을 것입니다. 그중에는 저처럼 불안을 느끼는 사람도 분명 있을 겁니다.

근심 없어 보이는 사람들을 바라보는 게 불편했습니다. 내 안에 근심이 가득했기 때문입니다. 상대적으로 느껴지는 박탈감이었습니다. 마음은 무겁고 복잡한데 내 앞에 보이는 사람들에게서는 그런 기색이 전혀 없었습니다. 즐거운 표정을 볼수록 불안은 더 커졌습니다. 이 시간에 내가 여기 있는 이유를 이

해해 줄 사람이 얼마나 될까요? 나는 왜 대책 없이 이곳까지 온 걸까요? 순간의 감정을 이기지 못해 스스로 불안을 키운 건 아닐까요?

다시 돌아가 고개 한 번 조아리면 끝날 일이었습니다. 일자리, 월급, 가족을 생각하면 당장 돌아가는 게 맞았습니다. 하지만 걸려오는 전화를 받지 않았습니다. 몇 번 피하다 결국 휴대폰 전원을 꺼버렸습니다. 피하면 편할 줄 알았지만 그렇지 않았습니다. 마음은 계속 꺼진 전화기에 가 있었습니다. 전원을 켜서 제일 먼저 걸려오는 전화를 아무 일 없다는 듯 받아야 할까 고민했습니다. 앉아 있는 시간이 길어질수록 생각은 많아지고 마음은 초조해졌습니다. 퇴근 시간이 지나면서 불안은 더 커졌습니다. 이대로 집에 가도 아내는 모를 겁니다. 내가 먼저 말을 꺼내지 않으면 알 수 없으니까요. 잠자코 자면 오늘은 넘길 수 있습니다. 하지만 내일은 다를 겁니다.

심리학에서는 이런 회피 행동을 회피회로라고 설명하더군요. 불안한 상황 → 회피(도망) → 일시적 안정 → 문제 미해결 → 불안 재발 → 더 강한 회피 욕구. 이 루프가 반복되면 결국 더 큰 불안으로 이어집니다. 다음 날 아침이 밝았지만 달라진 건 없었습니다. 옷을 챙겨 입고 집을 나섰지만 발걸음은 무겁기만 했습니다. 사무실로 가야 할까? 오늘도 목적 없이 시간을 보낼까? 피하지 말고 단판을 지어야 할까? 아니면 이참에 다른 직장을 알아볼까? 대책 없이 나온 이상 뾰족한 수는 없었습니다. 어떤 선택을 해도 최선은 아니었습니다. 애초에 뛰쳐나올 때부터 이미 코너에 몰려 있었으니까요. 신나게 맞고 끝내 쓰러지든가 등을 돌리고 패배를 인정하고 돌아가든가 어느 쪽이든 승산 없는 싸움이었습니다.

이 모든 건 순간의 감정을 누르지 못한 대가였습니다. 스스로 자초한 불안이었습니다. 참았다면 이렇게까지 되지 않았을 겁니다. 참는 것도 미덕이고 처세입니다. 당연한 것을 하지 않았으니 값을 치러야 했습니다. 그 대가는 상사 앞에서의 굴욕일 수도 있고 백수가 되는 일일 수도 있으며 가족에게 무능한 가장으로 비치는 것일 수도 있습니다. 순간의 화를 참지 못한 결과 마음은 참혹했고 불안은 커졌습니다. 시간은 야속하게도 계속 흘렀습니다. 시계를 볼 때마다 불안의 크기도 커졌습니다. 결단을 내리지 않으면 불안은 결국 나를 짓눌렀을 것입니다. 며칠 뒤, 결단을 내렸습니다. 그러나 문제를 해결하기보다 회피를 택했습니다.

심리학자 라자루스(Arnold Allan Lazarus)의 스트레스 대처이론에 따르면 불안을 다루는 방식은 크게 두 가지입니다. 문제 중심 대처는 문제를 직접 해결하고 조율하며 불안을 줄이고 통제감을 회복합니다. 반면, 감정 중심 회피는 저처럼 상황에서 도망치고 외면하며 자기합리화를 하는 방식입니다. 이 방법은 끝내 불안을 키우고 자기 효능감을 떨어뜨립니다.

    결국 저는 최악의 선택을 했습니다. 당당하지 못한 태도였습니다. 내가 옳다고 확신했지만 맞서지 않았습니다. 맞서기보다 피하는 게 더 편했기 때문입니다. 맞섰다가 할 말을 제대로 못 하고 다시 원래 자리로 돌아올까 두려웠습니다. 그렇게 비겁했지만 소심한 복수를 택했습니다. 그 결과 가족에게 피해를 주고 주변 사람들에게 좋지 않은 모습만 남겼습니다. 직장을 잃었고 불안만 남았습니다.

    불안은 태도에 따라 크기가 달라집니다. 부당한 상황이라면 할 말을 하든가, 잠자코 받아들이든가 둘 중 하나를 선택해야 합니다. 그래야 상황이 끝납니다. 저처럼 회피 회로를 돌리면 문제는 해결되지 않고 불안은 더 커집니다. 반대로 상황을 마주하고 어떤 식으로든 결론을 내리면 불안은 줄어듭니다. 불만은 남겠지만 불필요한 걱정과 불안에서 벗어날 수 있습니다.

    그때 제가 선택해야 할 태도는·문제를 직면하는 것이었습니다. 그러지 못했기에 결국 직장을 잃고 새로운 직장을 찾기까지 불안은 덩치를 키웠습니다. 제 발등을 제가 찍은 꼴이었습니다.

11
내가 만든
내면의 무대

정체를 알 수 없는 이에게 쫓기는 여주인공. 화면은 시점을 바꾸며 쫓고 쫓기는 장면을 교차해 보여줍니다. 막다른 골목에 다다른 여주인공의 얼굴에는 절망이 스칩니다. 쫓는 자의 시선이 점점 가까워지고 배경음악은 긴박하게 고조됩니다. 저음과 고음을 오가는 기묘한 음악은 여주인공이 느끼는 공포를 극대화합니다. 이윽고 그놈과 마주하는 순간, 불안과 체념이 뒤섞인 표정이 화면을 가득 메웁니다. 음악은 절정에 달하다가 섬광과 함께 멈추고 화면은 어둠 속으로 사라집니다.

이 장면은 공포나 스릴러 영화에서 흔히 볼 수 있습니다. 쫓기는 장면은 언제나 긴장감을 불러옵니다. 빠른 화면 전환과 압박감 넘치는 배경음악이 관객의 심장을 조여 옵니다. 감독은 긴장과 공포를 더 강하게 전달하기 위해 각종 장치와 기법을 사용합니다. 얼마나 기발하게 연출하느냐에 따라 영화의 평가가 갈리기도 하죠. 때로는 한 장면이 영화 전체의 성격을 결정짓기도 합니다.

혹시 이런 장면을 소리를 끄고 본 적이 있으신가요? 공포나 스릴러 영화에서 음악이 중요한 이유는, 긴장감의 대부분을 음악이 만들어내기 때문입니다. 같은 장면도 음악이 없으면 공포는 사라지고 배우들의 연기마저 어색하게 보입니다. 음악은 장면에 몰입하게 만드는 강력한 장치입니다. 효과음 역시 마찬가지입니다. 청각적 요소가 더해져야 관객은 더 큰 긴장과 공포를 느낍니다.

불안도 이와 비슷합니다. 배우의 연기, 배경음악, 효과음이 합쳐져 관객이 몰입하듯 우리의 불안도 다양한 요소가 모여 커집니다. 우리는 실제로 존재하지 않는 미래를 상상하며 불안을 키웁니다. 아직 일어나지 않은 일을 머릿속에서 연출하며 스스로 긴장감을 더하는 것이죠. 음악이 없는 공포 영화가 전혀 무섭지 않듯 불안을 키우는 상상이 없다면 두려움도 줄어듭니다.

우리는 매일 마음속에서 자신만의 영화를 연출합니다. 미래의 실패를 상상하며 긴장감을 높이고 작은 실수를 과장해 불안을 증폭시킵니다. 불안이 커지는 이유는 우리가 그 장면을 끊임없이 되새기며 음악을 덧입히기 때문입니다. 반대로 상상의 장면에 긍정적인 음악을 입힌다면 어떨까요? 같은 상황이라도 전혀 다른 감정을 느끼게 될 것입니다.

결국 불안은 내가 연출하는 영화입니다. 내가 어떤 장면을 만들고 어떤 음악을 깔며 어떤 시선을 담느냐에 따라 불안의 크기와 성격이 달라집니다. 우리는 감독이자 주연입니다. 불안한 장면만 반복할지 새로운 결말을 연출할지는 오롯이 나에게 달려 있습니다.

걷기 시작한 아이는 넘어지는 게 당연합니다. 하지만 부모는 혹시 다칠까 불안해합니다. 아이는 넘어지는 것조차 즐기는데도 말입니다. 이제 막 고등학생이 된 딸이 첫 모의고사를 준비할 때 부모는 시험이 어렵게 나오진 않을까, 아이가 실수하진 않을까, 온갖 상상을 하며 불안해합니다. 뜬금없는 상사의 호출은 머릿속에서 수많은 추측을 불러옵니다. 보고서가 잘못됐나? 거래처에서 문제가 생겼나? 아니면 쫓겨나는 걸까? 이런 추측이 꼬리를 물며 불안이 커집니다.

인간의 뇌에는 앞으로 일어날 일을 머릿속에서 미리 시뮬레이션 하는 기능이 있습니다. 심리학에서는 인지적 시뮬레이션이라고 부릅니다. 원래는 생존을 위한 도구였지만 현대 사회에서는 오히려 불안을 만드는 장치가 되었습니다. 불안은 대부분 상상에서 비롯됩니다. 아이가 다치지 않을까, 시험을 망치지 않을까, 상사에게 혼나지 않을까, 아직 일이 벌어지지 않았는데도 미리 불안을 만들어냅니다. 그러나 막상 상황과 마주하면 아이는 다치지 않고 시험 점수도 나쁘지 않으며 상사의 칭찬을 받을 수도 있습니다.

상상 자체가 필요 없다는 건 아닙니다. 불안은 때때로 더 큰 문제를 예방하는 신호가 되기 때문입니다. 중요한 건 이를 적절히 활용할 줄 아는 것입니다. 퇴직을 앞둔 중년에게 가장 큰 불안은 직장 밖에서 일어날 일입니다. 직장 안에서도, 밖에서도 다양한 상상을 합니다. 대부분은 '잘못되면 어쩌나'라는 최악의 시나리오입니다.

최악을 상상하는 것이 잘못된 것은 아니지만 그 상상에 갇히면 정작 중요한 것을 놓치게 됩니다. 퇴직 후 필요한 건 상상이 아니라 기대와 믿음입니다. 퇴직은 피할 수 없고 그 이후의 인생도 마찬가지입니다. 어떤 상상을 하든, 상상은 상상일 뿐입니다. 여주인공의 생사는 감독만이 결정하듯 우리의 삶도 지금 내가 어떤 장면을 연출하느냐에 달려 있습니다.

영화에서 여주인공의 생사를 쥔 감독도 불안하기는 마찬가지입니다. 관객이 호응할 장면을 만들 수 있을지 고민하지만 걱정만으로는 장면이 완성되지 않습니다. 감독은 배운 것과 경험을 활용해 다양한 시도를 하고 자신이 할 수 있는 최선을 다해 한 장면씩 만들어 갑니다. 그렇게 완성된 장면들이 모여 관객을 사로잡는 연출이 되는 것입니다.

알프레드 히치콕(Alfred Hitchcock) 감독은 '관객이 무엇을 보게 할 것인가 보다 무엇을 기대하게 만들 것인가가 중요하다'고 말했습니다. 그의 철학이 잘 드러나는 장면이 영화 <사이코>의 샤워 장면입니다. 여주인공이 평화롭게 샤워를 즐기는 순간, 칼을 든 것으로 보이는 살인자가 커튼을 젖히는 장면은 당시로서는 충격적이었습니다. 공포스러운 음악, 점점 좁아지는 시야, 예상치 못한 타이밍이 관객에게 극도의 긴장감을 선사했습니다. 히치콕은 이 장면이 명장면이 될 거라는 확신이 있었을까요? 불안은 전혀 없었을까요? 그저 자신이 할 수 있는 최선을 다했을 것입니다.

우리도 저마다의 인생 장면을 연출하며 살아갑니다. 어떤 이는 2막을 시작했고 누군가는 클라이맥스로 향하고 있으며 어떤 이는 이미 최고의 장면을 지나고 있을지도 모릅니다. 다음 장면이 어떻게 될지는 누구도 알 수 없습니다. 불안은 계속 따라옵니다. 대신 불안보다 지금 맡은 역할에 기대와 믿음을 가져야 합니다. 내가 더 나은 장면을 만들 수 있다고 믿는 것 그것이 중요합니다. 그렇게 한 장면씩 쌓아 나간다면, 언젠가 나만의 훌륭한 영화가 완성될 것입니다. 내가 대본을 쓰고 연출하는 오직 나만이 만들 수 있는 영화 말입니다.

나를 돌아보는 질문

지금 당신 인생의 장면은 어느 부분인가요?
그 장면에서 무엇이 당신을 불안하게 하나요?
지금 당신이 연출할 수 있는 건 무엇인가요?

Chapter 02

신호를 읽다

없애는 것이 아니라 넘어서는 것이다

01
마주할 때 극복이 시작된다

'뱀이 무서우면 뱀을 마주하라!'
불안을 극복하는 방법 중 하나는 불안을 일으킨 상황과 똑같은 환경에 다시 노출되는 것입니다. 심리학에서는 이것을 노출 치료라고 부릅니다. 과거 불안을 경험한 상황은 편도체에 위험 신호로 저장됩니다. 그러나 같은 상황을 반복해 경험하면서 새로운 기억으로 재조정하면 불안을 줄일 수 있습니다. 단기간에 이뤄지지 않지만 편도체를 훈련하면 불안을 극복할 수 있다고 합니다. 트라우마가 있다면 결국 그 트라우마를 직면해야 한다는 뜻입니다. 아이러니하지만 가장 효과적인 방법입니다.

떡이 목에 걸려 죽을 뻔한 사람은 떡에 대한 나쁜 기억을 가집니다. 이때 선택지는 두 가지입니다. 평생 떡을 먹지 않거나, 용기를 내 다시 떡을 먹는 것입니다. 떡을 피한다면 평생 그 나쁜 기억에 묶여 살겠지만 다시 시도하면 기억에서 벗어나 다양한 맛을 느낄 수 있습니다. 우리 모두 인생에서 이런 경험을 하나 이상 갖고 있을 겁니다. 인생이 뜻대로만 흘렀다면 이런 불안은 없었겠지만 누구나 크든, 작든 한 가지 불안을 안고 살아갑니다.

평생 아홉 번의 이직을 하면서 마음 편한 이직은 한 번도 없었습니다. 수십 군데 이력서를 보내고 회신이 없을 때마다 불안했습니다. 면접 기회가 와도 잦은 이직 경력 탓에 불합격이 더 많았습니다. 불안은 회를 거듭할수록 더 커졌지만 포기할 수 없었습니다. 포기한다는 건 가족의 생계를 책임지지 않겠다는 뜻이었으니까요. 결국 불안 위에 불안을 덧대며 버텼습니다. 다행히 운이 따라줬고 아홉 번 모두 이직에 성공했습니다. 그 '운' 덕분에 잠시나마 불안을 잊을 수 있었습니다. 그러나 이 경험은 한 가지를 알려주었습니다. 불안을 피하기보다 마주해야 결국 길이 열린다는 사실입니다.

마흔이 넘으면서 나를 원하는 곳은 점점 줄어들고 지금의 자리마저 불안정해졌습니다. 몇 년은 더 버틸 수 있겠지만 직장은 끝까지 나를 책임져주지 않을 것입니다. 주변에서는 하고 싶은 일을 빨리 찾으라고 조언했지만, 정작 무엇을 어떻게 해야 하는지는 누구도 알려주지 못했습니다. 결국 답은 스스로 찾아야 합니다. 내 인생은 내가 선택하고 책임져야 후회가 남지 않기 때문입니다.

불안을 극복하려면 불안했던 상황을 다시 마주해야 한다고 했습니다. 저에게 이직은 떠올리기조차 싫은 기억이었습니다. 그러나 원하는 직업을 선택하려면 그 불안을 다시 경험해야 했습니다. 한 번은 반드시 거쳐야 할 과정이었습니다. 직장 생활의 끝을 준비하고 남은 시간을 가치 있게 살기 위해서였습니다. 다행히 이전과는 접근 방식이 달랐습니다. 직장이 아닌 '직업'을 선택해야겠다고 마음먹자 상황이 조금은 다르게 보였습니다.

지금까지 해온 일은 과감히 선택지에서 지웠습니다. 20년 넘게 나를 옭아맸던 매듭을 풀어내니 오히려 선택지가 넓어졌습니다. 해보고 싶은 일을 하나씩 시도하는 건 과거의 이직 활동과 전혀 달랐습니다. 기다리는 게 아니라 시작과 끝을 내가 정할 수 있었기 때문입니다.

맞지 않으면 지우고 다시 도전하는 과정을 반복하면 분명 내일을 찾을 수 있으리라고 믿었습니다.

글을 쓰기 시작하면서 작가의 꿈도 키웠습니다. 기댈 수 있는 재능은 없었지만 꾸준히 쓰면 언젠가 책을 낼 수 있다고 믿었습니다. 매일 글을 쓴 지 5년 만에 첫 책을 출간했습니다. 결국 포기하지 않은 덕분에 지금까지 여러 권의 책을 출간할 수 있었습니다. 새로운 직업도 가졌습니다. 처음 하는 일이니 실력이 부족한 건 당연했습니다. 먹고 살 만큼의 수준이 되기까지는 시간이 필요했습니다. 원하는 대로 되지 않는 현실도 불안을 키웠습니다. 그러나 이 불안은 더 이상 예전처럼 부정적으로 작용하지 않았습니다. 당연히 거쳐야 할 과정으로 받아들였기 때문입니다.

심리학자 제임스 페네베이커(James Pennebaker)는 감정을 글로 쓰는 행위가 스트레스 해소와 명확한 사고를 돕는다고 말했습니다. 글쓰기를 통해 감정을 정리하면 불안을 객관화하고 통제 가능한 대상으로 바꿀 수 있습니다. 저 역시 글로 과정을 기록하며 불안을 태도로 선택할 수 있게 되었습니다. 불안의 실체를 알게 되었고 무엇 때문에 불안한지 인식하게 되니 실패에도 당당할 수 있었습니다. 언제든 다시 시도하고 될 때까지 포기하지 않을 수 있었습니다. 불안은 이제 걸림돌이 아니라 문제를 미리 알려주는 신호가 되었습니다. 글로 쓴다는 건 투명 인간에게 옷을 입히는 것과 같습니다. 모습을 드러내면 더는 두려운 존재가 아니기 때문입니다.

지금 막연한 불안을 느끼고 있다면 글로 써보길 권합니다. 실체와 마주했을 때 어쩌면 불안해할 필요조차 없다는 걸 깨닫게 될지도 모릅니다.

흔들림을 이겨내는 4단계 글쓰기 전략

1단계 - 불안한 상황을 글로 써보세요.

    나는 왜 불안한가?

    무엇이 가장 두려운가?

    이 일이 나에게 어떤 의미를 갖는가?

→ 감정을 글로 꺼내는 것만으로도 마음이 정리되기 시작합니다.

2단계 - 반복해서 마주하세요. (노출)

    글쓰기가 두렵다면 매일 한 줄씩이라도 써보세요.

    독서가 어렵다면 하루 한 페이지라도 읽어 보세요.

    좋아하는 일을 찾기 어렵다면 관심 있는 일을 하나씩 시도해 보세요.

→ 불안을 느끼는 상황에 반복적으로 노출되면 점점 익숙해집니다.

3단계 - 실패를 '정상 과정'으로 받아들이세요.

  오늘 못 쓰면 내일 쓰면 된다고 인정하세요.

  나와 맞지 않는 것이지 무능력이 아님을 받아들이세요.

→ 중요한 건 포기하지 않겠다는 결정이며, 이 태도가 실패를 학습 자산으로 바꿉니다.

4단계 - 불안의 용도를 바꿔보세요.

  불안의 원인을 인정합니다. (완벽주의, 안전 욕구, 평가 불안 등)

  이를 계획, 반복 학습, 꾸준함으로 전환하세요.

→ "불안하기 때문에 더 철저히 준비하겠다"라는 태도로 불안을 성장의 도구로 바꿉니다.

극복의 열쇠는 질문, '어떻게'

"힘줄이 끊어졌는지 확인하려면 MRI를 찍어봐야 정확히 판단할 수 있을 것 같습니다."

의사의 말이 끝나기 전에 저는 이미 '네'라고 대답하고 있었습니다. 전날 자동차 트렁크에서 우산을 꺼내려 팔을 뻗는 순간 통증이 시작됐고 밤새 통증이 심해져 팔을 거의 움직이지 못했기 때문입니다. 이때 중요한 것은 통증의 원인뿐만 아니라 어떻게 치료할 것인가였습니다. 치료 과정에서 원인을 찾는 것도 필요하지만 가장 효과적인 치료 방법을 선택하는 것이 핵심입니다. 검사를 통해 원인을 파악하는 이유도 결국 최선의 치료법을 찾기 위해서입니다.

불안도 마찬가지입니다. 퇴직, 건강, 관계, 나이 듦 등 불안의 원인은 다양합니다. 원인이 다르니 해결 방법도 달라야 합니다. 같은 감기라도 사람마다 약이 다르듯 불안을 극복하는 방법도 사람마다 다르게 접근해야 합니다. 체질, 상황, 성향에 따라 맞춤형 해법이 필요합니다.

저는 매번 스스로에게 같은 질문을 던졌습니다. '왜 나는 이렇게 이직이 잦을까?' 이 질문은 원인만을 찾는 물음이었습니다. 답은 이미 알고 있었습니다. 중요한 건 원인을 파악한 뒤 '어떻게'라는 질문으로 넘어가야 했다는 사실입니다. 만약 그때 '이 상황을 어떻게 극복할까?'라고 물었다면 단순한 이직이 아닌 새로운 직업 선택이나 창업 같은 다른 가능성을 더 일찍 고민했을지 모릅니다.

불안을 해소하려면 원인을 아는 것도 중요하지만 그 이후의 선택이 더 중요합니다. 퇴직은 누구도 피할 수 없고 인간관계가 멀어지는 것도 자연스러운 과정입니다. 나이 드는 이유를 찾는다고 답이 나올까요? 관계가 소원해지는 것이 혼자만의 탓일까요? 중요한 건 그다음 단계에서 무엇을 어떻게 준비하느냐입니다. 이때 필요한 질문이 바로 '어떻게'입니다. 질문의 방향에 따라 답도 달라집니다. 퇴직이 기정사실이라면 '그다음은 무엇을 어떻게 준비해야 할까?'라고 물어야 합니다. 관계가 멀어졌다면 '어떻게 하면 다시 회복할 수 있을까?', '어떻게 하면 새로운 사람을 만날 수 있을까?'라고 묻는 겁니다.

질문 하나가 우리의 시선을 바꾸고 행동을 바꾸며 결과까지 바꿀 수 있습니다. 감기 치료법이 사람마다 다르듯 불안을 극복하는 방법도 내가 던지는 질문에 따라 달라집니다. '왜'가 아니라 '어떻게'라고 묻는 순간, 불안은 해결의 실마리를 드러내기 시작합니다.

'왜'라는 물음은 닫힌 질문입니다. 원인만 밝히고 그 이상을 이끌어내지 못합니다. 반면 '어떻게'라는 질문은 열린 질문입니다. 다양한 가능성을 담고 있으며 그 가능성을 발견하고 선택하고 시도하는 과정은 오롯이 자신의 몫입니다. 불안을 단순한 감정이 아닌 해결 가능한 문제로 전환하려면 '어떻게'라는 질문이 필요합니다.

불안을 문제 해결 대상으로 바꾸기 위한 4단계 극복 전략은 다음과 같습니다.

1단계 - 불안의 실체를 분해하라
'나는 지금 무엇 때문에 가장 불안한가?'
퇴직, 돈, 건강, 관계 등 구체적으로 적습니다. 명확하게 정의된 문제는 절반

쯤 해결된 것이나 다름없습니다.

2단계 - 지금 내가 할 수 있는 일은?
'이 불안을 줄이기 위해 오늘 내가 할 수 있는 작은 행동은 무엇인가?'
이직을 위한 이력서 정리, 야식 먹지 않기, 친구에게 연락하기, 지출 기록하기처럼 실행 가능한 작은 행동부터 시작해 통제감을 되찾습니다.

3단계 - 가장 효율적인 방법은 무엇인가?
'이 문제를 푸는 가장 좋은 방법은 내게 무엇인가?'
관련 분야 독서, 지인에게 조언 구하기, 새로운 학습, 운동 등 자신에게 맞는 지속 가능한 방법을 시도합니다.

4단계 - 다음에는 어떻게 더 잘할 수 있을까?
'이번 시도에서 잘 안 된 부분은 무엇이고, 다음엔 어떻게 보완할 수 있을까?'
실천 내용을 피드백해 자기 효능감을 강화합니다.

이 전략은 질문 → 답변 → 실행 → 피드백의 순환 구조를 활용하는 행동 활성화 이론에 기초합니다. 이 이론은 우울과 불안 치료에 효과적이며 감정보다 행동을 먼저 시작하는 것이 핵심입니다. 당장 할 수 있는 작은 행동부터 실행하면 감정의 영향을 최소화하고 불안에서 점차 벗어날 수 있습니다.

불안에도 원인이 다양하듯 해소 방법도 각기 다릅니다. 문제를 해결하기 위해 가장 먼저 할 일은 원인을 정확히 아는 것입니다. 진단이 정확해야 최적의 해법을 찾을 수 있습니다. 잘못된 판단은 병을 더 키우듯 불안도 잘못 다루면 오히려 증폭됩니다. 반대로 약간 엉성한 방법이라도 실제로 불안을 줄인다면 그것이 올바른 선택입니다.

어떤 방법이 나에게 유익할지는 해보지 않으면 알 수 없습니다. 실행이 필요합니다. 그리고 실행을 이끌어내는 첫 번째 질문은 항상 '어떻게'입니다. 질문이 올바르면 불안을 느끼는 어떤 상황에서도 답을 찾을 수 있습니다.

나를 돌아보는 질문

나는 지금 무엇 때문에 불안한가?
그 불안을 줄이기 위해 오늘 할 수 있는 일은 무엇인가?
내 성향에 맞는 해결 방식은 무엇인가?
무엇을 시도했고, 잘된 점과 부족한 점은 무엇인가?
내일은 어떻게 더 잘할 수 있을까?

03
우선순위가
흔들림을 줄인다

'꽃으로도 때리지 마라'는 말은 어떤 폭력도 정당화될 수 없다는 뜻입니다. 80~90년대 학교에서는 선생님의 체벌이 당연하게 여겨졌습니다. 잘못한 우리도 매를 맞는 게 당연하다 생각했습니다. 문제는 먼저 맞는 친구를 보며 내 차례를 기다릴 때였습니다. 두려움은 이루 말할 수 없이 컸고 내 순서가 오지 않기를 바랐습니다. 그러나 그런 기적은 일어나지 않았습니다. 기다리며 겁에 질린 상태에서 맞는 매질은 고통이 배가되었습니다. 차라리 제일 먼저 맞았다면 두려움은 덜했을 것입니다. 맞고 나면 마음은 홀가분해졌고 다른 친구들을 여유롭게 바라볼 수 있었습니다.

상을 받을 때를 제외하면 순서를 기다리는 일은 유쾌하지 않습니다. 진료, 과제 발표, 프레젠테이션처럼 기다림은 불안을 키웁니다. 이때 먼저 용기 내 해치우면 마음은 훨씬 가벼워집니다. 먼저 하지 못한 탓에 굳이 겪지 않아도 될 불안을 키우는 셈입니다. 결과와 상관없이 준비한 만큼 먼저 해치우는 것이 인생을 수월하게 사는 방법 중 하나라 저는 믿습니다. 해야 할 일이 미뤄질수록 마음은 불편합니다. 이빨 사이에 낀 고기처럼 신경이 쓰입니다. 양치나 치실로 빨리 제거해야 편안해집니다. 인생도 마찬가지입니다. 미루는 일은 계속 신경을 거슬리게 하고 불안을 키웁니다. 빨리 해치워야 다음 일도 순조롭습니다.

승진과 이직에는 자기 계발이 필수입니다. 하루아침에 이뤄지는 성취는 없습니다. 매일 쌓이는 작은 노력이 실력을 만들고 직급과 연봉을 올립니다. 그러나 직장인에게 자기 계발 시간은 출퇴근 전후의 한정된 시간뿐입니다. 이 시간을 얼마나 확보하느냐가 결과를 좌우합니다.

십수 년 동안 더 나은 조건을 위해 다양한 스펙을 쌓으려 했지만 이력서에 제대로 된 한 줄을 남기지 못했습니다. 원인은 단순했습니다. 중요한 일을 먼저 하지 않았기 때문입니다. 우선순위가 항상 직장 일이었고 나를 위한 시간은 늘 뒤로 밀렸습니다. 바우마이스터(Roy Baumeister)의 '결정 피로' 이론에 따르면 하루 동안의 의사결정은 에너지를 소모합니다. 퇴근 무렵 뇌는 결정을 회피하고 쉽고 편한 것을 택합니다. 그래서 중요한 일은 아침처럼 결정력이 높은 시간에 해야 합니다. 퇴근 후 계획은 번번이 술자리와 피로에 막혔습니다. 바꾸려는 노력 없이 상황만 탓하며 실패를 반복했습니다. 같은 결과가 이어지니 불안도 커졌습니다.

'어제와 똑같이 살면서 다른 미래를 기대하는 것은 정신병 초기증상'이라는 아인슈타인의 말이 떠올랐습니다.

마흔이 넘어도 습관을 바꾸는 일은 쉽지 않았습니다. 직장에 다니면서는 더 어려웠습니다. 그러나 변하지 않으면 인생이 달라질 수 없기에 시도했습니다. 직장보다 중요한 것에 우선순위를 두었습니다. 책 읽기와 글쓰기를 위해 아침 시간을 활용하기 시작했습니다. 수면을 줄이는 무리수를 두었지만 원하는 삶을 위해 감수했습니다.

매일 출근 전 3시간을 읽고 쓰기에 투자하고 있습니다. 스스로 정한 일을 먼저 해내며 하루를 시작하니 직장에서도 더 집중할 수 있었습니다. 퇴근 후 시간은 덤으로 주어졌고 하고 싶은 일에 집중할 수 있었습니다. 불안은 자연스레 줄어들었습니다.

우선순위는 각자의 생활 패턴에 맞게 정해야 합니다. 저녁형 인간이 억지로 새벽에 일어나면 역효과입니다. 중요한 건 정한 원칙을 지키지 못했을 때 느낄 불안입니다. 주변 상황에 휘둘려 할 일을 미루면 불안은 커지고 의심이 들며 결국 포기로 이어집니다. 결론은 명확합니다. 자신에게 맞는 방법을 찾지 못하면 변화는 반복되지 않는다는 것입니다. 꾸준함은 가장 강력한 무기입니다. 매일 하고 싶은 일을 우선 해낸다면 실력은 반드시 더 좋아집니다.

04
마음의 계산법으로
균형잡기

　1990년대 후반, 신용카드가 묻지도 따지지도 않고 발급되던 시절이 있었습니다. 복학생이던 저는 아르바이트로 한 달 50만 원 남짓 벌면서도 신용카드를 두 장이나 갖고 있었습니다. 그때는 고작 몇 번의 결제가 몇 년 뒤 신용불량자로 이어질 줄은 몰랐습니다. 복학 후 사업에 뛰어들며 학교를 멀리했습니다. 4년 반을 매달렸지만 성공은커녕 월급을 제때 받아본 기억이 거의 없었습니다. 생활은 신용카드 돌려막기로 연명했습니다. 빚은 불어났고 카드 한도가 꽉 차면 밥 한 끼조차 해결하기 어려웠습니다. 늘 불안한 삶이었습니다.

　서른 살에 재취업 후 1년여 만에 카드빚을 모두 갚았습니다. 신용카드도 없앴습니다. 빚이 '0'이 되는 순간 불안도 사라졌습니다. 연체 전화에 시달리며 스스로를 원망했던 시간도 끝났습니다. 그러나 남은 것이 하나 더 있었습니다. 도움을 준 사람들에게 진 마음의 빚이었습니다. 몇 년, 길게는 10년이 지나서야 돈을 갚을 수 있었고 고맙다는 말도 전했습니다. 하지만 마음의 빚은 단순히 돈으로는 갚을 수 없었습니다. 도움의 진심이 돈보다 더 큰 가치였기 때문입니다. 은행에 진 빚은 모두 갚으면 오히려 후련합니다. 그러나 마음으로 진 빚은 성격이 다릅니다. 돈을 돌려주어도 여전히 마음 한구석에 무거운 돌처럼 남아 있습니다. 도움을 받은 마음은 단순히 금전으로 해결되지 않기 때문입니다. 그래서인지 저는 그 마음의 빚을 갚기 위해 지금도 제 방식대로 노력합니다.

 살면서 우리는 서로에게 도움을 주고받습니다. 누구의 도움도 필요 없는 삶은 거의 없을 겁니다. 중요한 순간 도움을 받을 수 있으려면 평소에 도움을 감사히 여기고 도리로 되돌려야 한다고 생각합니다. 어떤 사람들은 도움을 당연하게 여기며 채무 의식 없이 받아들이지만 저는 그 마음이 더 궁금했습니다. 사람은 사람답게 살아야 한다고 배웠습니다. 도리란 거창한 게 아닙니다. 도움을 받았다면 마음의 빚까지 갚는 것이 도리입니다. 제가 빌린 10만 원은 단순한 돈 이상의 가치가 있었습니다. 당시 그 돈이 저를 살리고 학교를 다니게 하고 인간답게 살게 했습니다. 그 돈과 함께 준, 조건 없는 마음은 돈으로 환산할 수 없습니다. 은행에서 빌린 돈은 이자를 붙여 갚지만 마음으로 진 빚은 다릅니다. 마음의 이자는 돈이 아닌 행동으로 갚아야 합니다. 할 수 있는 것을 나누며 갚아가는 것, 그것이 바로 마음의 빚을 덜고 불안을 없애는 계산법이라고 믿습니다.

후회 대신 선택을
새롭게 하기

가끔 이런 상상을 합니다. '어머니와 관계를 회복하지 못하고 이별하면 어떡하지?' 그때 느낄 감정은 상상조차 어렵습니다. 아마 후회가 가장 클 것입니다. 후회란 대개 기회를 놓쳤을 때 드는 감정이니까요. 기회가 있었음에도 행동하지 않았다면, 그만한 이유가 있었겠지만 결과적으로는 변명일 뿐입니다. 손바닥이 부딪쳐야 소리가 나는 것처럼 관계도 마찬가지입니다. 저 혼자만의 문제가 아니라는 건 알지만 결국 제 안에 화해를 망설이는 이유가 있는 것도 사실입니다.

어머니를 떠올리면 상처라는 단어가 먼저 떠오릅니다. 그 삶의 상처를 누구에게도 털어놓지 못했고 이해받지도 못했습니다. 상처 이면에는 혼자 모든 걸 감당해야 했던 외로움과 자식에게는 아픔을 물려주지 않겠다는 각오가 있었을 겁니다. 수많은 책을 읽었지만 현실에서 바꾸는 건 쉽지 않았습니다. 답은 알고 있지만, 행동으로 옮기지 못했습니다. 자식인 제가 먼저 손을 내밀어야 한다는 것도 압니다. 결국 제가 먼저 인정하고 넘어서야 합니다. 선뜻 행동하지 못하는 이유는 불안입니다. 지금까지 어긋났던 기억이 앞으로도 반복될까 두렵습니다. 내 말이 부정당할까 걱정됩니다. 애써 시도해도 당신이 받아주지 않을까 망설여집니다. 부모니까 당연히 그럴 수 있다는 걸 인정하면서도, 막상 행동에 나서지 못합니다. 하지만 이 불안 때문에 후회하게 될 수도 있습니다. '어머니와 관계를 회복하지 못하고 이별한다면…'이라는 상상이 현실이 될 수 있습니다.

불안과 후회 중 어떤 것을 선택할지 결국 제 몫입니다. 원하는 결론을 위해 무엇을 해야 할지 답은 이미 알고 있습니다. 아는 대로 행동하면 불안도 사라지고 후회도 남지 않을 것입니다. 몰라서 못하는 건 이해받을 수 있지만 알면서도 하지 않는 건 용서받기 어렵습니다. 행동하지 않는다면 남은 인생은 불안과 후회로 채워질 것입니다. 저는 이제 어떤 선택을 내려야 할까요?

나부터 변해야
나답게 산다

　인터넷에서 흔히 보이는 수많은 명언 중 '둥글둥글 하게 처신하는 게 좋다'라는 말은 없습니다. 둥글둥글하다는 건 내가 아닌 상대에게 맞추는 것을 의미합니다. 쉽게 말해 간과 쓸개를 다 내어주는 태도입니다. 이런 사람은 직장에서 흔히 볼 수 있습니다. 특히 직급이 낮을수록 더 그렇습니다. 사회생활에서 필요한 태도라고 배워왔기 때문이죠. 상사의 비위를 맞추면 평가도 좋고 승진도 빠를 거라 믿습니다. 그러나 결과는 대개 이용만 당하고 끝납니다. 둥글둥글한 사람은 결국 자기답게 살지 못하고 호구 소리만 듣게 됩니다.

　직장 생활을 하는 동안 사람 좋다는 평은 얻었지만 제 마음은 점점 지쳐갔습니다. 처음에는 그게 처세라고 믿었습니다. 기꺼이 돕는 것이 상대와 회사를 위한 것이라 생각했죠. 그러나 시간이 지나면서 이 태도는 '착한 사람 콤플렉스'로 굳어졌습니다. 부당한 지시에도 입을 닫고 내 일보다 남의 부탁을 먼저 들어주며 스스로를 합리화했습니다. 그런 과정이 결국 이 일을 싫어지게 만들었고 재미도 잃었습니다. 나답지 못했기에 불만이 쌓였고 불안도 커졌습니다.

반대로 자기관리가 철저한 사람은 인정받았습니다. 맺고 끊는 게 분명하고 자기 계발에도 집중하는 사람. 회사는 그런 사람을 더 필요로 합니다. 동료애는 조금 부족해도 성과를 내니까요. 경쟁에서 살아남는 건 이런 태도의 사람들이었습니다. 저는 늘 그들과 상반된 길을 걸었습니다. 결국 충돌이 일어났습니다. 나흘 사이 동료 두 명과 심하게 다퉜습니다. 감정을 숨기지 않고 목소리를 높였습니다. 그동안 쌓인 불만이 터져 나왔습니다. 그들에게 선을 넘지 말라는 메시지를 던졌습니다. 상대를 바꾸려는 기대는 무의미했습니다. 사람은 쉽게 변하지 않습니다. 바꿀 수 있는 건 오직 나 자신뿐입니다.

사회생활에서 태도는 그 사람의 평가를 좌우합니다. 딱 부러지게 행동하는 사람은 일과 관계 모두에서 노선이 분명합니다. 저처럼 애매한 태도는 일도 관계도 흐리멍덩하게 만듭니다. 결국 사람들은 저를 쉽게 대했습니다. 변화는 나부터 시작해야 합니다. 나답게 살기 위해서는 생각과 태도를 바꿔야 합니다. 내가 변하면 상대도 나를 다르게 대합니다. 내가 정한 태도는 결국 나를 나답게 만듭니다. 그렇게 나답게 살면 불만은 줄어들고 불안도 사라질 것입니다.

인생을 나답게 사는 5단계

1단계 - 나를 재정의 하기

'나는 누구인가?'

나답게 사는 출발은 나를 재정의 하는 데서 시작됩니다. 남의 기준에 맞춰 살았기 때문에 불안합니다. 벗어나려면 나부터 새롭게 정의해야 합니다.

나는 그들에게＿＿＿보이려고＿＿＿행동했다.

하지만 나는 ＿＿＿사람이고, 앞으로는 ＿＿＿사람으로 살 것이다.

2단계 - 거절부터 연습해 보세요.

'부탁을 거절하지 못해서 나답지 못한 시간을 보냅니다.'

브레네 브라운 박사(Brene Brown, Ph.D.)는 '진짜 친절은 명확한 경계에서 나온다'라고 말했습니다. 경계를 세우는 훈련, 즉 No라고 말하는 연습이 필요합니다.

"이번에는 어려울 것 같습니다."

"제 업무가 먼저라 시간이 없습니다."

"그건 제 일이 아닙니다. 담당자에게 말씀해 보세요."

3단계 - 기준을 세우고 나를 지킨다.

나다운 삶을 살려면 내 기준이 필요합니다. 자기 정체성은 외부가 아니라 내부에서 비롯되어야 합니다. 선명한 자기 기준을 세우고 지켜야 합니다.

- 내 시간을 먼저 존중한다.
- 감정적으로 불편한 부탁은 거절한다.
- 업무와 감정을 분리한다.
- 잘못된 태도는 침묵하지 않는다.

이런 기준은 결정 피로를 줄이고, 반복할수록 자기 존중감을 키워 줍니다.

4단계 - 나를 먼저 바꾸면 상대도 달라진다.

바꿀 수 있는 건 오직 자신뿐입니다. 내가 달라지면 상대도 나를 대하는 태도를 달리합니다.

- 불필요한 미소를 줄인다.

- 고개 끄덕이며 무조건 공감하지 않는다.

- 대화 중 불쾌하면 조용히 멈춘다.

- 업무 외 시간에는 응답하지 않는다.

5단계 - 꾸준히 반복하기

첫 술에 배부를 수는 없습니다. 내가 정한 기준대로 꾸준히 실천해야 변화를 경험합니다. 그래야 불안이 줄고 나답게 살며 자존감도 높아집니다.

2022년 영국 심리치료협회 조사에 따르면 '처음으로 자기 기준에 따라 행동했을 때 심리적 해방감을 느꼈다'라고 응답한 87퍼센트가 자존감을 회복했다고 합니다. 결국 나부터 변할 때 나다운 삶이 시작됩니다.

07

극복을 위해 필요한
두 가지 열쇠

　수년간 도전만 했던 건축기사 자격증, 수십 번 시험을 봐도 500점을 넘지 못한 토익 점수, 스스로 못마땅해 하면서도 달라지려고 노력하지 않았던 시간들. 일회성 의지에 속아 이곳저곳 수강료만 낭비했던 자기계발, 지키지 못한 다이어트와 금주 실패의 반복, 노력 없는 도전. 희생 없이 성과만 바랐으니 결과는 뻔합니다. 일은 재미없고 월급은 고만고만했으며 술과 뱃살만 늘어납니다. 웃음보다 화내는 일이 더 많고 무엇을 해도 뜻대로 풀리지 않는 인생이 원망스럽습니다. 그러나 엄밀히 말하면 원망할 대상은 인생이 아니라 '나' 자신입니다. 결국 스스로 불안을 키워온 셈이니까요.

　변화는 내가 무엇을 할 수 있고 할 수 없는지, 무엇을 좋아하고 싫어하는지를 구분하면서 시작됩니다. 이 과정을 통해 실패와 불안으로 이어졌던 삶에도 변화가 찾아옵니다. 결론부터 말하면 과거와 180도 다른 모습으로 살 수 있습니다.

나를 올바르게 이해하고 기초를 단단히 세워야 합니다. 기초가 부실하면 건물을 높게 지을 수 없고 층수가 더해질수록 위태로워지다 금세 무너질 것입니다. 인생도 마찬가지입니다. 튼튼한 기초가 있어야 원하는 형태로 쌓을 수 있습니다.

직장인이라면 최소한 자기에게 주어진 업무에서 탁월해야 합니다. 그렇지 않다면 더 높은 자리도 더 많은 연봉도 기대할 수 없습니다. 그래서 필요한 것이 바로 목적과 목표입니다. 목적은 내가 되고 싶은 모습입니다. 대기업 임원이 되겠다, 몸값 높은 전문가가 되겠다, 여러 곳에서 탐내는 인재가 되겠다. 목적이 분명하면 불안의 크기도 줄어듭니다. 직장인이 직장에 다니는 이유가 불분명하면 집중하지 못합니다. 지금 자리에서 집중하지 못하면 다른 직장 다른 일에서도 같은 결과를 반복할 뿐입니다.

목적만으로는 부족합니다. 목적을 이루기 위해서는 구체적인 목표가 필요합니다. 목표는 하루하루의 작은 노력입니다. 대기업 임원이 되려면 대기업에 입사하고 실력을 인정받아 차근차근 승진해야 합니다. 탐나는 인재가 되려면 매 순간 주어진 일에 최선을 다해야 합니다. 한 번의 성과로 얻어지는 건 없습니다. 매일의 작은 성취가 쌓여야 합니다.

자격증 공부도 마찬가지입니다. 건축기사 취득은 목적이고 오늘 정한 분량을 공부하는 것이 목표입니다. 토익 700점은 목적이고 매일 꾸준히 학습하는 게 목표입니다. 작은 목표를 달성하다 보면 실력은 오르고 원하는 결과도 손에 넣게 됩니다. 목적과 목표가 분명하면 불안은 줄어듭니다. 오늘 해야 할 일에 집중하기 때문입니다.

목적과 목표를 구분하지 못하면 늘 실패합니다. 목적은 삶의 방향이고 목표는 하루를 살아내는 힘입니다. 단단한 기초 위에서 하루하루 목표를 이루면 불안은 줄어듭니다. 오늘 해야 할 일을 해내는 것만큼 불안과 멀어지는 방법도 없습니다. 만족스러운 하루가 쌓일수록 불안은 사라지고 자신감은 자라납니다.

Chapter 03

일상의 선택들

작은 선택이 삶의 균형을 지킨다

술이 아닌 삶을
선택할 때

 세상에는 술을 마시는 사람과 마시지 않는 사람이 있습니다. 술을 마시는 사람은 다시 둘로 나뉩니다. 술에 의지해 사는 사람과 술을 조절할 줄 아는 사람입니다.
 하지만 술을 마시지 않는 사람은 부류를 나눌 필요가 없습니다. 단 한 방울도 입에 대지 않으니까요. 술은 적당히 즐기면 도움이 될 수도 있습니다. 그러나 조절하지 못하면 문제는 생기고 가진 문제를 해결하는 데도 아무런 도움이 되지 않습니다.
 경기가 좋고 먹고사는 걱정이 적을수록 술을 찾는 사람도 줄어듭니다. 반대로 경기가 나쁠수록 술을 찾는 사람이 늘어납니다. 나라가 시끄럽고 경제도 어려우면 더 많아집니다. 이럴 때 사람들은 암울한 현실에서 잠시 벗어나고 싶어 술을 찾습니다.

 문제는 진탕 술을 마셔도 달라지는 게 없다는 겁니다. 술을 마시는 동안은 현실을 잊었지만 술이 깨면 그대로 돌아옵니다. 더구나 한 잔이 두 잔, 두 잔이 세 잔, 병으로 늘어나 어느새 자제력을 잃습니다. 몸만 상하고 불안은 여전합니다. 퇴직에 대한 고민이 깊어지기 전 술을 끊었습니다. 술을 끊은 이후에도 퇴사와 내 일에 대한 고민은 계속됐습니다. 직장과 병행하며 집중하지 못하는 건 여전히 스트레스였지만 술은 더 이상 해결책이 될 수 없었습니다. 술이 문제를 풀어주지 않는다는 걸 알았기 때문입니다.

그럼에도 가끔은 술 한 모금이 간절할 때가 있습니다. 술만이 주는 위안, 취기가 오른 순간 느껴지는 무념무상 같은 감정이 그리웠기 때문입니다. 그러나 술이 깬 뒤 달라진 게 없다는 걸 수없이 경험했기에 이제는 술을 찾지 않습니다.

문제들은 여전히 반복되고 있지만 술은 선택지에서 사라졌습니다. 고민과 스트레스에서 벗어나는 방법을 술이 아닌 다른 것에서 찾았고 덕분에 어제와 같은 오늘, 오늘과 같은 내일을 차분히 맞이할 수 있었습니다.

돌아보면 술을 끊을 수 있었던 가장 큰 이유는 감정을 스스로 선택할 수 있게 된 것입니다. 과거에는 스트레스를 받으면 술에 의지했고 취할 때만 해방감을 느꼈지만 술이 깨면 절망이 더 크게 다가왔습니다. 술을 선택지에서 지우니 의존감, 해방감, 절망감 같은 흔들리는 감정에서 벗어날 수 있었습니다. 감정을 스스로 선택할 수 있으니 태도까지 달라졌습니다. 또 한 가지 큰 변화는 아침을 내 의지대로 맞이할 수 있게 된 것입니다. 술을 마시면 한 잔으로 끝나는 경우가 거의 없습니다. 숙취가 남은 아침은 내 의지가 아니라 몸 상태가 먼저였습니다. 그런 아침이 반복되면 계획한 일을 해내기 어렵습니다. 술을 끊으니 아침의 주도권이 다시 제 손에 들어왔습니다.

사는 동안 막막함, 행복, 즐거움 같은 외부 요인은 누구에게나 찾아옵니다. 그러나 그것들을 대하는 태도와 감정은 내가 선택할 수 있습니다. 술이 있느냐 없느냐에 따라 결과는 달라집니다. 술을 마셔본 경험과 4년째 금주 중인 경험 모두 해보니 알 수 있었습니다. 술은 어떤 순간에도 별다른 도움이 되지 못했습니다.

좋은지 나쁜지는 직접 해보아야 알 수 있습니다. 금주도 마찬가지입니다. 누군가에게는 공허한 말로 들릴 수 있습니다. 누군가는 금주를 결심할 수도 있겠죠. 어떤 선택을 하든 결과는 자신의 몫입니다. 더 나은 인생을 원한다면 반드시 희생이 따릅니다. 무엇을 희생할지는 내 선택입니다. 술을 끊었을 때의 장점이 분명하다면 시도해 볼 가치가 있지 않을까요? 여러분의 선택은 무엇입니까?

자기 성찰로 흔들림을 줄이는 법

1. 나의 음주 패턴 이해하기

최근 한 달 동안 술을 마신 횟수는 몇 번인가요?

술을 마시게 되는 가장 흔한 상황은 언제인가요?

술을 마신 뒤 감정 변화는 어땠나요?

술로 인해 후회한 적이 있다면 무엇이었나요?

목적 없이 습관적으로 술을 마시고 있지 않나요?

예시: 혼자 있는 날 외로움을 잊으려 술을 마셨고 다음 날 항상 후회와 자기혐오가 밀려왔다.

2. 나를 불안하게 만드는 원인 분석

최근 불안을 느꼈던 상황은 무엇이었나요?

그때 술이 생각났던 이유는 무엇인가요?

술 말고 다른 방법으로 해결할 수는 없었나요?

예시: 퇴사 고민으로 불안했지만 술 대신 글쓰기나 산책을 했다면 이겨낼 수 있었을지도 모른다.

3. 감정과 반응 사이 거리 두기

기억하세요. 감정은 사실이지만 행동은 선택입니다.

문장 완성하기:

나는 ___ 할 때 술을 마시고 싶어진다. 하지만 대신 ___ 을(를) 해볼 수 있다.

예시: 나는 스트레스 받을 때 술이 생각난다. 하지만 대신 책을 읽을 수 있다.

4. 금주가 가져다 줄 변화 상상하기

술을 끊으면 내 삶에는 어떤 긍정적인 변화가 생길까요?

아침이 달라지면 하루가 어떻게 달라질까요?

주변 사람들에게 어떤 영향을 미칠까요?

5. 나만의 금주 선언문 작성

선언문은 삶의 주도권을 되찾는 첫걸음입니다.

내가 술 대신 선택할 행동은 무엇인가요?

나의 새로운 아침 루틴은 무엇인가요?

불안을 다루는 나만의 방식은 무엇인가요?

예시: 나는 술 대신 내 감정에 집중하며 산다. 글쓰기와 독서로 나를 돌아보고 매일 아침 내 의지대로 하루를 시작한다.

6. 실천 다짐 체크리스트

오늘도 술 없이 하루를 보냈는가?

감정이 요동칠 때 내가 선택한 대안 행동은 무엇이었는가?

오늘 나는 내 감정의 주인이었는가?

직장인이 마주하는
두 가지 벽

　직장에 익숙해지면 두 가지 불안이 생깁니다. 하나는 '이곳에서 안정된 생활을 언제까지 이어갈 수 있을까?'라는 의문이고, 또 하나는 '이곳을 벗어나야 할 때 나는 무엇을 할 수 있을까?'라는 고민입니다.

　첫 번째 불안은 당장 피부에 와 닿지 않습니다. 특별히 큰 잘못을 하지 않는 한 자리 보존은 가능하니까요. 남들만큼만 부지런히 일하고 적당히 분위기에 맞춰 일하면 당장은 문제가 없습니다. 하지만 두 번째 불안은 언제나 그림자처럼 따라다닙니다. 해고는 예고 없이 찾아올 수 있고 스스로 퇴직한다 해도 이후의 삶이 계획대로 풀리리라는 보장은 없습니다. 월급보다 적은 수입, 실패의 가능성, 뜻대로 되지 않는 현실이 기다릴 수 있습니다. 그렇기에 우리는 안락함 속에서 버티며 살아갑니다. 하지만 이 불안을 해결할 방법이 있습니다. 후자의 불안부터 해소하는 것입니다.

'나는 무엇을 좋아하고, 무엇을 잘할 수 있는가?' 이 질문에 답을 찾아야 합니다. 이 답을 모른 채 나이를 먹어도 직장에 매달릴 수밖에 없습니다. 마음속으로는 답을 어렴풋이 알지만 시도하지 못하는 이유는 두렵기 때문입니다. 지금의 안락함이 깨질까 회복할 수 없을까 하는 불안 때문입니다.

그러나 언제까지 두 가지 불안에 매달려 살 수는 없습니다. 퇴직은 언젠가 반드시 맞닥뜨릴 현실입니다. 자신의 길을 스스로 찾아야 하는 숙제는 피할 수 없습니다. 다른 사람이 답을 주지 않습니다. 이왕 풀어야 할 숙제라면 빨리 풀수록 불안에서 멀어집니다.

물론 쉽지 않습니다. 더 큰 불안을 느낄 수도 있습니다. 누군가는 정년까지 채우고 모은 돈으로 안정된 프랜차이즈 점장을 하며 새 인생을 시작할 수도 있습니다. 하지만 그 또한 각자가 감당해야 할 선택의 결과입니다. 불안은 피한다고 줄지 않습니다. 결국 스스로 답을 찾아야만 줄어듭니다. 그리고 그 답은 '나 자신을 아는 것'에서 시작합니다.

안락함은 반대되는 상황을 겪었을 때 비로소 느껴지는 감정입니다. 좋아하는 일을 찾는 과정도 마찬가지입니다. 해보지 않고는 나와 맞는지 알 수 없습니다. 몸담은 회사에는 미안한 말이지만 직장인으로 있을 때 이것저것 시도해 봐야 합니다. 이를 '심리적 안전지대 내에서의 성장'이라고 합니다. 하버드대 조직심리학자 에이미 에드먼슨(Amy Edmondson)은 심리적 안전지대 안에서 사람들은 더 많이 배우고 더 자주 도전하며 더 큰 혁신을 만든다고 주장했습니다. 즉 직장의 장점을 최대한 활용해야 한다는 말입니다.

조직이 나를 이용해 수익을 만들어내듯 나도 조직을 활용해 다양한 기술을 익혀야 합니다. 그렇게 하면 자신이 정말 좋아하는 일이 무엇인지도 찾을 수 있습니다. 직장과 직장인은 악어와 악어새 관계처럼 서로 필요한 존재입니다. 조금만 더 부지런히 움직이면 직장 안에서 충분히 몸을 단련할 기회가 있습니다. 실제로 퇴직 전에 직장과 병행해 사이드 프로젝트를 경험한 직장인의 67퍼센트가 퇴직 후 생계유지와 적응에 큰 도움이 되었다고 합니다.

이처럼 조직과 월급을 방패삼아 하고 싶은 일을 찾다 보면 불안은 점점 줄어듭니다. 결국 직장을 떠날 준비는 두 가지 조건이 충족될 때 가능합니다.
첫째, 자신이 좋아하고 잘할 수 있는 일을 명확히 파악했을 때.
둘째, 그것이 직장의 월급을 대신할 수 있을 정도의 가능성을 가질 때. 이 두 가지 조건이 갖춰진 순간, 두 번째 불안은 더 이상 불안이 아닙니다. 오히려 새로운 도전으로 바뀝니다.

일터에서 흔들림을 다스리는 다섯 가지 전략

하나. 직장에서 사이드 프로젝트 시작하기

직장은 안정적인 월급을 보장해 주는 안전망입니다. 이 안전망을 활용해 마음껏 시도해 보세요. 글쓰기, 유튜브, 강의 준비, 전자책 제작, 코칭 등 당장 시작 가능한 프로젝트를 선택하고 매달 '내가 좋아하는 일인가?', '반응은 어떤가?'를 기록하며 자신만의 데이터를 쌓아갑니다.

둘. 직장을 벗어났을 때 내가 잘할 수 있는 것 찾기

퇴직 후 자신이 무엇을 할 수 있을지 명확히 하기 위해 질문을 던져보세요. '내가 지금 당장 회사를 나간다면 3개월 동안 무엇을 할 수 있을까?' '내가 좋아하고 잘하며 필요로 하고 돈이 될 수 있는 일은 무엇인가?' 이 질문을 통해 자신이 추구할 방향을 구체적으로 확인할 수 있습니다.

셋. 사이드 프로젝트 포트폴리오 만들기

지금부터라도 사이드 프로젝트를 기록으로 남기세요. 진행 과정, 결과, 반응을 정리해 두면 퇴직 후 자신을 증명할 수 있는 소중한 자산이 됩니다.

넷. 직장 안 자원 활용하기

사내 교육, 멘토링 프로그램, 부서 간 협업 등 직장 내 자원을 최대한 활용하세요. 이 과정에서 얻은 기술과 네트워크는 새로운 도전을 위한 기반이 됩니다.

다섯. 퇴직 기준 설정하기

퇴직은 충동이 아닌 준비된 결단이어야 합니다. 다음 기준을 수립해 주기적으로 점검하세요.

기준 항목	내 기준	현재 상태	점검 주기
좋아하고 잘하는 일	글쓰기 + 강의	매주 강의, 브런치 운영	월 1회
월급 대체 가능성	월 400만 원	현재 50만 원 수준	분기별

이 기준을 꾸준히 점검하면 퇴직에 대한 불안은 점차 줄어들고 자신감은 더 커집니다.

03

퇴직 후, 몇 등급 인생을 살 것인가

요즘은 아침 식사에도 등급을 매깁니다. 특히 당뇨병이 사회문제가 되면서 어떤 음식을 먹어야 하는지 관심이 커졌습니다. 아침에 먹으면 좋은 음식으로는 그릭요거트, 두부, 샐러드가 꼽힙니다. 당이 거의 없고 단백질과 지방이 풍부하기 때문입니다. 삶은 달걀, 현미밥, 사과도 도움이 됩니다. 과거에는 배부르게 먹는 것이 중요했다면 이제는 건강하게 적당히 먹는 게 중요합니다.

46년생과 57년생의 성장 환경을 비교한 글을 읽었습니다. 불과 10년 차이지만 식습관과 사회 환경은 10배 이상 달랐다고 합니다. 57년생은 46년생보다 영양가 높은 식사와 더 나은 교육을 받았기에 건강한 노후를 보낸다는 조사 결과가 있었습니다. 이후 세대도 더 나은 환경에서 성장했습니다. 지금 퇴직을 앞둔 5060세대는 노후를 얼마나 질 높게 이어갈 수 있을지가 가장 큰 고민일 겁니다.

노동환경이 유연한 미국은 퇴직 연령이 따로 없습니다. 반대로 우리나라는 경직된 환경 탓에 정년을 채우지 못하는 경우가 많습니다. 일찍 찾아온 퇴직은 곧 노후의 삶의 질로 이어집니다. 일자리를 구하지 못하면 연금에 의존해 초라한 노후를 맞이할 수밖에 없습니다. 그러니 적은 일자리를 차지하기 위한 경쟁은 청년 취업난 못지않게 치열합니다.

나이 들어서도 할 수 있는 일이 있다는 건 젊어서 쌓은 교육과 경험 덕분입니다. 은퇴 이후에도 출발선은 비슷하지만 자신이 가진 무기가 무엇인지에 따라 경쟁력이 달라집니다. 돈이 많은 사람은 계속 부자로 살 확률이 높습니다. 반대로 그렇지 않은 사람도 있습니다. 다만 지식은 예외입니다. 나이와 관계없이 노력만으로 쌓을 수 있습니다. 온라인을 통해 원하는 교육과 정보를 쉽게 얻을 수 있는 시대입니다. 마음먹고 실천하면 나이에 상관없이 필요한 만큼 성장할 수 있습니다. 결국 퇴직 후 삶의 질은 스스로 정할 수 있습니다.

건강을 지키려면 올바른 정보를 선별하고 실천해야 합니다. 몸에 맞는 음식과 운동을 찾는 과정이 필요하듯 퇴직 후 삶도 같은 원리입니다. 이미 세상에는 수많은 방법이 있습니다. 단지 마우스를 클릭할 힘과 의지만 있다면 원하는 것을 손에 넣을 수 있습니다.

당뇨에 좋은 아침 식사에 등급을 매기듯 퇴직 후 삶도 스스로 기준을 정해 등급을 매길 수 있습니다. 철저히 준비한 사람은 높은 등급의 삶을 누립니다. 반대로 준비가 부족하면 불안한 노후를 맞게 됩니다. 높은 등급의 노후는 불안을 줄이고 안정된 삶으로 이어집니다. 준비가 부족할수록 불안은 평생 따라다닐 것입니다.

건강을 지키기 위해 매일 아침 따뜻한 물을 한 잔 마신다고 바로 효과가 나타나진 않습니다. 꾸준히 습관이 되어야 건강이 지켜집니다. 퇴직 준비도 같습니다. 단기간에 얻을 수 있는 학위보다 자신이 원하는 공부를 꾸준히 이어가는 습관이 중요합니다. 그렇게 쌓은 실력은 자신감으로 이어집니다. 자신감이 생기면 누구에게도 주눅 들지 않습니다. 당당하게 퇴직을 맞이하고 새로운 삶을 열 수 있습니다. 준비된 퇴직만이 이후 삶의 질을 높입니다.

인생의 무게를 끌어올리는 일곱 가지 선택

하나. 불안의 실체를 인식하고 등급화하자

자신의 상태를 객관적으로 바라보면 불안의 정체와 원인을 파악할 수 있습니다. 막연한 불안 → 이유 있는 불안 → 관리 가능한 불안은 이유를 알면 통제할 수 있습니다.

둘. 지식 격차보다 의지 격차가 크다는 사실을 인식하자

온라인 강의, 무료 콘텐츠 등 누구나 수준 높은 배움을 누릴 수 있는 시대입니다. 정보 부족은 핑계가 될 수 없습니다. 불안은 정보 격차보다 태도와 의지에 따라 결정됩니다.

셋. 습관이 나를 지켜준다

습관이 무너지면 불안은 커집니다. 글쓰기, 독서, 운동 같은 작은 루틴이 불안을 견디는 기둥이 됩니다.

넷, 철저한 준비가 자신감을 만든다

불안은 '준비되지 않았다'는 자기 인식에서 옵니다.

준비는 자신감을 키우고 자신감은 불안을 밀어냅니다.

다섯, 장기적인 관점으로 불안을 바라보자

삶은 한두 달 만에 바뀌지 않습니다. 평생이라는 시간 속에서 습관처럼 준비하고 실천할 때 삶이 달라지고 불안도 줄어듭니다.

여섯, 타인과 비교보다 자기만의 기준을 정하자

자기만의 기준과 계획이 있다면 타인과 비교하며 불안해하지 않습니다.

나다운 삶이 불안을 줄여줍니다.

일곱, 작은 실천이 불안을 줄인다

10분 독서, 30분 걷기, 소식하기 같은 작은 행동이 불안을 멀리합니다.

생각보다 실천이 앞설 때 불안에서 벗어날 수 있습니다.

두려움 너머 진짜
나를 찾는 길

용기 내지 않았을 때 우리는 어떤 대가를 치르게 될까요? 도전하지 않으면 어떤 불이익이 따를까요? 실제로 용기 내지 않고 도전하지 않았기 때문에 알 수 없습니다. 다만 분명한 건 도전하지 않으면 삶은 아무런 변화도 일어나지 않는다는 사실입니다. 서서히 끓어오르는 냄비 속 개구리가 그 순간을 즐기며 헤엄치다가 결국 닥칠 위험에 무방비로 당하는 것과 같습니다. 중년 직장인의 삶은 이와 다르지 않습니다. 물이 끓어도 섣불리 뛰쳐나오지 못합니다.

"결정적인 순간에 모든 것을 걸지 않으면 꿈을 달성할 확률은 그나마 존재하던 낮은 확률조차 0이 되고 만다"
짐 콜린스(Jim Collins)의 멘토였던 빌 레지어(Bill Lazier)가 사업가로 첫발을 내디딜 때 자신에게 던진 말입니다. 짐 콜린스 역시 대학교수에서 저술가와 멘토로 나아가는 선택의 순간 비슷한 질문을 자신에게 던졌습니다. 결국 이 둘은 꿈을 좇았고 우리가 아는 위대한 존재로 거듭났습니다.

직장인뿐 아니라 누구에게나 살면서 한 번은 이런 순간이 찾아옵니다. 그때 어떤 선택을 내리느냐에 따라 인생은 180도 달라집니다. 모든 선택이 장밋빛 결과로 이어지진 않습니다. 꿈을 이루지 못할 가능성도 분명 있습니다. 그러나 도전하지 않으면 인생은 0이 됩니다. 아무런 변화도 없다는 뜻입니다. 불확실하지만 도전을 선택하면 꿈을 이룰 확률은 분명 더 높아집니다. 간절함과 노력에 따라 그 가능성은 더욱 커집니다.
어느 쪽이 옳은지는 아무도 결정해주지 않습니다. 선택은 온전히 내 몫이고 책임 또한 나에게 있습니다. 어느 쪽을 택하든 후회는 따릅니다. 그러나 꿈을 이룰 확률은 적어도 직장 안에 머물 때보다는 높아질 것입니다.

요즘은 안락함보다 간절함에 더 무게가 실립니다. 인생에서 단 한 번 모든 것을 걸어야 할 때가 지금이라고 믿습니다.
"앞으로 30년, 나를 위해 살겠습니다" 저의 퇴사 이유입니다. 서른 살에 직장 생활을 시작해 20년 동안 월급만 좇았습니다. 내 시간을 내어주며 말이죠. 월급은 감각을 무디게 했고 적성보다 생계가 더 중요한 기준이었습니다. 그러니 쉽게 벗어날 수 없었습니다. 섣부른 판단이 가족의 생계를 위협할까 두려웠습니다. 이직할 때마다 가슴 졸이며 비굴한 간절함으로 버텼습니다.

퇴사를 결심한 지금도 월급은 눈에 밟힙니다. 이 정도 수입을 다음 달부터 만들 수 있을까요? 분명 어렵습니다. 어쩌면 몇 달 고생하다 다시 일자리를 찾을지도 모릅니다. 중요한 건 직장을 그만두는 이유입니다. 직장에 가지 않는 시간 동안 무엇을, 어떻게 할지에만 집중해야 합니다. 집중할 때 선택이 빛을 발하고 원하는 방향으로 나아갈 수 있습니다. 그렇게 되면 새로운 가능성이 열리고 꿈에도 한 발 더 가까워질 것입니다. 결국 수입도 안정되겠죠.

결정을 내리기 전에도 내린 후에도 불안은 따라옵니다. 원하는 결과를 얻어도 불안은 사라지지 않습니다. 불안을 원인으로 삼아 선택하지 않으면 안 됩니다. 이는 처음 보는 음식을 맛보지 않고 판단하는 것과 같습니다. 모든 선택이 그렇습니다. 불안은 없앨 수 없습니다. 결과를 만들어내며 불안의 크기를 줄일 뿐입니다. 그 방법은 매 순간 최선을 다하는 것뿐입니다. 최선을 다하지 않으면 불안은 기다렸다는 듯 다시 고개를 듭니다.

사직서를 품고 있어도 불안하고 던져도 불안합니다. 같은 불안이라면 51퍼센트의 가능성에 무게를 두는 게 낫습니다. 단 1퍼센트의 가능성이 성공을 보장하지는 않지만 각오와 용기는 더 커집니다. 나에게 기회를 주는 순간이 필요합니다. 어차피 직장을 떠나야 할 때를 피할 수 없다면 남은 30년을 나를 위해 사는 출발선에 서는 게 변화의 시작입니다. 두렵지만 1퍼센트의 가능성이 뒤를 책임질 것입니다. 저는 그것을 믿고 묵묵히 제 할 일을 합니다.

또 하나 믿는 게 있습니다. 안정된 직장을 버리면 남는 건 절체절명의 위기뿐입니다. 살아남아야 할 이유만 남습니다. 이때 전력을 다하지 않으면 성공 확률은 0입니다. 다시 돌아갈 여지를 열어두면 전력을 다하지 못합니다. 결심했다면 이제 남은 건 살아남는 것뿐입니다. 직장 밖에서 살아남기 위해 해야 할 일을 하는 겁니다. 그런 각오만이 유일한 의지입니다. 불안은 당분간 사치입니다. 일단 살아남고 보겠습니다.

직장 밖 삶을 준비하는 여섯 가지 실천

하나. 불안 말고 목적을 의심하라

불안을 없애려 하기보다 불안이 생기는 이유와 목적을 먼저 분명히 해야 합니다. 불안한 순간, 스스로에게 물어보세요.

-내가 두려워하는 건 정확히 무엇인가?
-이 불안이 알려주는 진짜 이유는 무엇인가?

둘. 실현 가능한 1퍼센트 행동에 집중하자

퇴직 이후 하고 싶은 일이 있다면 매일 최소 1시간은 투자하세요. 이 과정을 통해 자신의 역량을 확인하고 성장의 길을 찾을 수 있습니다. 해보지 않은 실패가 아닌 시도한 실패를 만들어야 합니다.

셋. 퇴로를 차단하자

퇴로가 있을 때 집중은 약해집니다. 퇴직 이후 선택한 일이 있다면 A가 안 되면 B라는 도피성 선택은 버리세요. 살아남기 위해 전력을 다할 때 비로소 새로운 길이 열립니다.

넷. 불안을 연료로 일기 또는 메모를 꾸준히 하자

글로 쓰면 불안은 언어화되고 통제 가능한 대상으로 변합니다. 매일 정해진 시간에 아래 질문에 답해 보세요.

-오늘 어떤 불안이 있었나?

-그 불안에 나는 어떻게 반응했나?

-내일 내가 할 수 있는 한 가지는 무엇인가?

다섯. 최악의 시나리오를 써라

최악을 구체적으로 상상할수록 막연한 공포는 줄어듭니다. 최악의 상황을 적고 그때 내가 어떤 선택을 할 수 있을지 계획해 보세요.

-퇴사 후 3개월간 수입이 없다면?

-부업이 실패한다면?

-배우자와 관계가 틀어진다면?

-최악의 상황에서 나는 무엇을 할 수 있을까?

여섯. 생존형 루틴을 만들어라

생존을 위한 루틴은 선택이 아니라 필수입니다. 일상에 리듬이 생기면 불안의 크기도 작아집니다.

-매일 같은 시간 글쓰기, 책 읽기, 운동하기

-계획표를 만들어 하루하루 완수하기

-스스로 정한 일은 반드시 해내겠다고 약속하기

05
관계를 새롭게
정리하는 법

　인간관계에서 불안은 어디서 올까요? 많은 사람은 과거의 상처 때문이라고 말하지만 심리학자 아들러(Alfred Adler)는 그렇지 않다고 합니다. 그는 인간관계에서의 불안은 과거의 경험이 아니라 현재 내가 관계를 회피하기 위해 스스로 만들어낸 감정이라고 말했습니다. 결국 불안은 핑계일 수 있습니다. 과거가 아니라 지금 내가 타인을 어떻게 대하고 있는지가 중요합니다. 내가 여전히 같은 말과 행동을 반복한다면 관계가 변할 수 없겠죠. 반대로 더 좋은 관계로 발전하기 위해 내 태도를 바꾼다면 상황도 달라질 수 있습니다.

　부부가 닮아간다는 말이 있습니다. 오랜 세월 한 공간에서 살며 조금씩 맞추고 양보하는 과정 속에서 취향도 습관도 닮아갑니다. 부부 관계처럼 인간관계도 서로 포기하고 맞춰 가는 과정이 필요합니다. 때론 내가 한 발 물러서야 서로가 편해집니다. 생색 내지 않아도 상대는 그런 변화를 느끼기 마련입니다. 톱니바퀴처럼 맞춰 가며 관계가 이어집니다. 그러나 언제나 그렇듯 모든 부부 모든 관계가 그렇게 조화롭지는 않습니다.

인간관계도 시간이 흐르고 나이를 먹으면서 변합니다. 생활 수준, 소득, 가치관, 취향이 달라지기 때문입니다. 어릴 적 맹목적으로 만나던 친구와 어느 순간 거리가 생기는 것도 자연스러운 변화입니다. 저마다 생활 습관과 만나는 사람이 달라지니 어울리는 사람도 달라질 수밖에 없습니다. 목적에 따라 어쩔 수 없이 맺는 관계도 있고 새로운 가치관에 따라 새롭게 형성되는 관계도 있습니다. 결국 영원한 관계란 없습니다.

사람은 혼자 살 수 없습니다. 관계는 삶의 질에 직접적인 영향을 미칩니다. 어떤 관계는 나를 끌어올리고 어떤 관계는 나를 힘들게 합니다. 하지만 겪어보기 전까지는 좋은 관계인지 나쁜 관계인지 알 수 없습니다. 이 불확실성 때문에 우리는 관계에서 불안을 느낍니다. 그래서 관계에 집착하거나 조건 없이 베푸는 행동으로 불안을 덮으려 하기도 합니다. 그러나 관계의 본질은 Give and Take입니다. 주고받는 균형이 맞을 때 관계도 건강하게 유지됩니다.

관계에도 수명이 있습니다. 오래된 차를 바꾸듯 관계도 어느 순간 변화를 맞습니다. 새로운 사람을 찾는 건 자연스러운 일입니다. 내가 처한 상황에 맞는 사람을 찾고 새로운 관계를 만들어 더 넓은 세상을 경험합니다. 이 과정이 이기적이라고 생각할 필요는 없습니다. 자신을 먼저 챙기는 사람만이 타인에게도 더 따뜻할 수 있습니다. 나를 지키지 못하면 남을 돌볼 여유도 없으니까요.

살면서 사람의 빈자리는 생깁니다. 그 빈자리를 아무나 채울 수는 없습니다. 나이가 들수록 새로운 관계는 더 신중히 선택해야 합니다. 상대방에게도 그만큼 신중함이 필요합니다. 서로가 신중할수록 관계의 질은 더 깊어집니다. 중년 이후 관계에서 느끼는 불안은 결국 나와 타인이 서로를 귀하게 여길 때 줄어듭니다.

중년 이후 삶의 질은 관계의 질과 비례합니다. 지금 내 가치관과 취향, 성향에 맞는 사람을 곁에 두는 게 중요합니다. 아들러의 말처럼 과거의 불안은 단지 회피의 핑계일 뿐입니다. 앞으로의 관계를 결정하는 건 내 행동과 태도입니다. 타인에게 더 좋은 영향을 주겠다는 마음, 그런 행동이 관계의 질을 높이고 불안을 줄이며 더 나은 삶으로 이끌 것입니다.

인간관계 속 흔들림을 다스리는 여섯 가지 방법

하나, 불안의 진짜 원인 직시하기 – 회피인가, 상처인가?

인간관계에서 느끼는 불안은 과거의 상처 때문이 아니라 현재 관계를 피하고 싶은 마음에서 비롯될 수 있습니다. 스스로에게 물어보세요.

-지금 내가 누군가를 피하려는 이유는 무엇인가?

-정말 그 사람이 문제인가, 아니면 내가 상처받기 싫은 걸까?

둘, 지금 내 행동과 태도에 집중하기

관계의 변화는 과거가 아니라 현재의 행동에서 시작됩니다. 내 태도를 점검하는 질문을 던져보세요.

-내가 요즘 연락을 먼저 하고 있는가?

-상대의 말을 충분히 들어주었는가?

-비난보다 공감을 더 많이 했는가?

셋, 관계는 관리가 아닌 조율로 접근하기

건강한 관계는 일방적인 관리가 아니라 서로 맞춰가는 과정입니다. 갈등이 생겼다면 이기려고 하지 말고, 서로의 감정을 인정하며 조율하는 태도가 필요합니다. 이런 태도가 신뢰를 쌓는 지름길입니다.

넷. 나와 잘 맞는 사람이 누구인지 정리해 보기

모든 사람과 잘 지낼 필요는 없습니다. 많은 관계보다 깊은 관계가 중요합니다. 나와 잘 맞는 사람의 성향은 어떤지, 대화할 때 편안한지, 스트레스는 없는지 스스로 정리해 보세요.

다섯. 새로운 관계에 열린 태도 갖기

새로운 관계를 만들려는 시도는 나이에 상관없이 필요합니다. 관심 있는 활동이나 모임에 참여하면서 자연스럽게 새로운 사람을 만나는 것도 좋은 방법입니다.

여섯. 타인에게 가치 있는 '나' 만들기

좋은 관계는 내가 먼저 좋은 사람이 될 때 따라옵니다. 스스로를 존중하고 긍정적인 태도를 유지하세요. 불안은 신뢰로 바뀌고 관계의 질도 한층 높아질 것입니다.

Chapter 04

흔들림을 성장으로 바꾸다

두려움은 성장의 불씨다

변화와 성장을
밀어붙이는 힘

백지를 마주하고 글을 쓰려 하면 두 가지 감정이 찾아옵니다. 불안과 기대입니다. 첫 문장을 제대로 시작할 수 있을까, 끝까지 완성할 수 있을까, 어떤 반응을 얻을 수 있을까, 같은 질문이 불안을 키웁니다. 하지만 막상 글을 쓰기 시작하면 불안은 기대와 설렘으로 변합니다. 한 줄, 한 문단이 채워질수록 완성에 대한 희망과 읽힐 것에 대한 기대가 생깁니다. 결국 이 두 감정 덕분에 백지를 채우는 용기를 내게 됩니다.

여행을 준비할 때도 마찬가지입니다. 아무리 계획을 세워도 변수가 생기지만 그 변수가 여행의 즐거움이 되기도 합니다. 계획 없이 떠나도 예기치 못한 경험이 만족으로 바뀔 수 있습니다. 결국 여행의 참맛은 불안과 기대가 함께할 때 느낄 수 있는 것입니다. 불안과 기대는 단순한 감정이 아니라 우리 삶을 움직이는 힘, 원동력입니다. 글을 쓰고 여행을 떠나는 것뿐 아니라 변화를 시작하고 성장을 이루는 과정에도 이 두 감정은 필수적입니다. 변화와 성장은 하루아침에 이뤄지지 않습니다. 꾸준한 노력이 필요하고 그 꾸준함은 '오늘 할 수 있는 일을 해내겠다'는 마음가짐에서 비롯됩니다. 자전거가 넘어지지 않으려면 핸들을 계속 조정해야 하듯 우리는 불안정한 내일을 향해 오늘의 균형을 잡아가야 합니다.

많은 사람이 오늘보다 나은 내일을 기대합니다. 그러나 기대만으로는 원하는 내일을 만들 수 없습니다. 불안 때문에 오늘을 망치지 않으려면 지금에 집중해야 합니다. 현재가 충실해야 다가올 불확실한 순간도 차분히 맞을 수 있습니다. 불안이 현재를 지배하게 두지 말고 오늘 할 수 있는 행동으로 균형을 유지해야 합니다. 글쓰기에서 불안이 생기는 이유는 명확합니다. 무엇을 써야 할지 모르거나 자신이 쓰려는 내용에 자신감이 없기 때문입니다. 결국 모르는 게 불안을 만듭니다.

반대로 아는 것이 많아질수록 자신감이 붙고 불안은 줄어듭니다. 이때 중요한 건 배움입니다. 배우면 행동할 수 있고 행동하면 결과가 달라집니다. 술이 해롭다는 걸 알면 줄이고 끊어야 하고 일기가 삶에 도움 된다는 걸 알면 꾸준히 써야 합니다. 아는 대로 행동할 때 비로소 진정으로 '안다'라고 말할 수 있습니다.

우리가 마주하는 모든 일에는 불안과 기대가 따라옵니다. 결과를 모르는 불안은 행동을 막지만 막연한 기대 역시 실패를 부를 수 있습니다. 그래서 필요한 건 불안과 기대를 원동력으로 삼는 태도입니다. 불안을 이겨내기 위해 배우고 배운 만큼 자신감이 쌓이며 자신감은 구체적인 기대를 만들어 줍니다. 이 기대가 행동을 이끌고 행동은 성장을 가져옵니다. 글도 마찬가지입니다. 소재와 메시지가 분명하면 글쓰기가 수월합니다. 무엇을 할지 알기 때문에 불안하지 않고 모르는 부분을 배우면 글을 완성할 수 있습니다. 결국 불안은 성장을 위한 출발점입니다. 배우고 도전할 때 우리는 불안 속에서 더 단단해집니다. 그러니 불안을 두려워하지 말고 변화와 성장을 위한 연료로 삼아야 합니다.

02 집중이 마음을 가볍게 한다

불안은 우리가 무엇에 집중하느냐에 따라 크기가 달라집니다. 다리를 건너는 게 두려운 한 여성이 있었습니다. 그러나 한 번은 남편과 이야기에 몰입한 채 무서운 다리를 건넜다는 사실조차 깨닫지 못했습니다. 불안이 사라진 건 단순히 이야기 하나에 깊이 집중했기 때문입니다.

의외로 대다수가 쉽게 집중하는 것이 있습니다. 드라마, 예능, 영화, 숏폼 영상은 시간 가는 줄 모르고 몰입합니다. 하지만 그런 집중은 단순히 눈과 귀만 차지할 뿐 끝나고 나면 허무함이 남습니다. '내가 몇 시간 동안 뭘 한 거지?' 자괴감이 밀려옵니다. 반면 글쓰기에 몰입하는 시간은 다릅니다. 대단한 글이 아니어도 머릿속이 계속 움직이며 생각의 깊이를 키웁니다. 생산적인 집중은 불안을 줄이고 성장을 돕습니다.

집중력이 필요한 순간, 온전히 집중하기 위해 도움이 되는 방법이 있습니다.

첫째, 의식의 흐름대로 10분 글쓰기를 해보세요.
내용은 신경 쓰지 않고 손이 가는 대로 씁니다. 문법이 틀려도 말이 되지 않아도 괜찮습니다. 10분 동안 자신이 쓰는 글에만 몰입하면 스스로를 알아차릴 수 있습니다. 자기 인식을 높이는 이 연습은 집중력을 키우는 출발점이 됩니다.

둘째, 명상입니다.
조용한 곳이면 좋지만 눈만 감아도 가능합니다. 호흡에 집중하세요. 들숨과 날숨에만 마음을 모으다 보면 주변 소음은 잊힙니다. 잡생각이 스며들어도 괜찮습니다. 다시 호흡으로 돌아오면 됩니다. 오락가락하는 자신을 알아차리는 것 자체가 명상입니다. 이 과정을 반복하면서 집중력이 높아집니다.

셋째, 음악에 집중하기입니다.
가사 없는 연주곡이 좋습니다. 교향곡처럼 다양한 악기가 연주되는 곡에서 악기 하나하나에 집중해 보세요. 소리에 몰입하다 보면 음악이 더 풍부하게 들리고 마음이 한곳으로 모입니다.

글을 10분 쓰고, 5분 명상하고 7분 음악에 몰입하는 동안 불안은 자리를 내어줍니다. 물론 불안이 완전히 사라지지는 않습니다. 하지만 불안해한다고 해서 문제가 해결되는 것도 아닙니다. 집중은 불안이 차지하는 공간을 줄여줍니다. 생산적인 집중을 쌓을수록 불안에 끌려 다니는 시간은 줄어들고 불안은 더 이상 나를 흔들 힘을 잃게 됩니다. 불안과 함께 하지만 곁을 덜 내어주는 거죠.

흔들림에서 벗어나는 실천들 - 불안을 해소하는 다섯 가지 방법

①인지적 거리두기 - 생각과 나를 분리하기

불안은 생각에 깊이 몰입할수록 커집니다. '생각을 있는 그대로 바라보기'가 핵심입니다. 예를 들어 '나는 실패할 거야'라는 생각이 들 때 그 생각을 곧이곧대로 믿지 말고 '나는 지금 실패할 거야라는 생각을 하고 있구나'라고 인식해 보세요.

이 작은 관점 전환이 감정을 다루는 첫걸음이 됩니다.

실습: 마음속으로 '나는 불안하다'가 아니라 '나는 지금 불안하다는 생각을 하고 있다'라고 말해 보세요. 생각이 감정과 분리되며 한결 가벼워집니다.

②구체화된 계획 수립 – 불안의 모호함을 없애라

막연한 불안은 행동을 통해 줄어듭니다. 계획이 구체적일수록 마음은 안정을 찾습니다. '잘못되면 어떡하지?'라는 질문을 '잘못되면 A안, B안으로 대응하자'라는 구체적 대안으로 바꿔 보세요. 플랜 B를 갖추는 순간 불안은 절반으로 줄어듭니다.

포인트: 계획은 완벽할 필요 없습니다. 단지 '대응할 수 있다'는 믿음이 불안을 잠재웁니다.

③신체를 통한 안정 – 호흡과 이완의 힘

불안은 심리적이지만 동시에 생리적 현상입니다. 심장이 빨라지고 숨이 가빠지며 근육이 긴장하지요. 이때 복식호흡과 근육 이완 훈련은 즉각적인 진정을 유도합니다.

실습: 하루 5분만 투자하세요.

- 숨을 4초 동안 들이쉬고
- 2초 멈춘 뒤
- 6초 동안 천천히 내쉬기

몇 번만 반복해도 긴장이 풀리고 불안이 누그러집니다.

④생각 기록하기(저널링) - 감정을 밖으로 꺼내라

불안을 정확히 언어로 정리하면 감정은 더 이상 나를 지배하지 못합니다. 종이에 써내려가는 순간, 감정은 내 안에서 외부로 옮겨집니다.

실습: 매일 5줄만 적어보세요.
주제: 나는 왜 이 일에 불안한가?
기록은 감정을 객관화하고 문제 해결의 실마리를 제공합니다.

⑤지지망 활용 - 혼자가 아님을 기억하라

불안을 줄이는 가장 강력한 방법 중 하나는 공감 받는 경험입니다. 신뢰할 수 있는 사람에게 감정을 털어놓는 것만으로도 불안은 크게 줄어듭니다. 필요하다면 상담사의 도움을 받는 것도 효과적입니다.

실천 팁: '이 정도는 말할 수 있겠지' 싶은 감정을 누군가에게 표현해 보세요. 대부분의 불안은 누군가가 들어줄 때 이미 절반은 사라집니다.

불안은 피해야 할 적이 아니라 관리할 수 있는 감정입니다. 이 다섯 가지 방법을 생활 속에 적용한다면 불안은 더 이상 나를 짓누르는 존재가 아니라 나를 단단하게 만드는 에너지가 될 것입니다.

집착을 전환하는 세 가지 방법

불안을 키우는 가장 큰 원인은 통제할 수 없는 것을 붙잡으려는 집착입니다. 집착은 불안을 더 깊게 만들지만 그 방향을 전환하면 불안은 오히려 삶을 단단하게 하는 힘이 됩니다.

① 통제할 수 있는 것과 없는 것을 구분하기

불안을 줄이는 첫 단계는 내가 바꿀 수 있는 것과 어쩔 수 없는 것을 분리하는 일입니다. 스티븐 코비(Stephen Covey)박사가 말한 '영향력의 원'과 '관심의 원'처럼 내가 통제할 수 없는 영역에 에너지를 쏟으면 집착은 커지고 무력감도 깊어집니다.

실습 예시

- 바꿀 수 있는 것: 내 시간 활용, 말의 태도, 준비 수준
- 바꿀 수 없는 것: 타인의 감정, 이미 지난 과거, 세상의 흐름. 내가 조절할 수 있는 것에 집중할 때 불안은 자연스럽게 잦아듭니다.

② 목표 중심에서 '가치 중심'으로 전환하기

목표는 달성 여부에 따라 집착과 불안을 불러옵니다. 반면 가치는 흔들리지

않는 나침반이 되어 언제든 방향을 잡아줍니다. '나는 성공해야 한다'는 강박보다 '나는 성실하고 진실되게 살겠다'는 가치가 더 안정적입니다.

예시

-목표: 승진 → 가치: 꾸준한 성장

-목표: 월 500만 원 수익 → 가치: 독립성과 자유

가치에 집중하면 결과가 조금 늦더라도 불안은 크게 줄어듭니다.

③ 상실 훈련 - 내려놓는 연습

무언가를 의도적으로 포기하는 경험은 심리적 근력을 키웁니다. 내려놓는 힘이 강할수록 불안은 줄어듭니다.

실습

-일주일 동안 SNS를 끊어보기

-매일 10분 '아무것도 하지 않는 시간'을 갖기

이 단순한 연습이 집착을 내려놓는 강력한 훈련이 됩니다.

명상과 심리치료로의 확장

불안을 완화하고 집착을 줄이는 데 명상과 심리치료는 과학적으로 검증된 방법입니다. 꾸준히 실천하면 삶의 중심이 안정됩니다.

① 마음챙김 명상

하버드 의대 연구에 따르면 하루 10분 마음챙김 명상만으로도 불안과 스트레스 호르몬이 크게 줄어듭니다. 마음챙김은 지금 이 순간을 판단 없이 알아차리는 연습입니다.

기초 실습

- 조용한 공간에 앉아 호흡만 5분간 관찰하기
- 잡생각이 올라오면 '생각이 떠오르는구나' 하고 알아차린 뒤 다시 호흡으로 돌아오기

② 인지행동치료

불안에 가장 효과적인 심리치료 중 하나입니다. 비합리적 생각(예: '나는 실패하면 끝이다')을 현실적이고 유연한 생각으로 재구성합니다.
상담에서는 불안을 일으키는 생각-감정-행동의 연결고리를 파악하고 수정하는 훈련을 진행합니다.

③ **노출치료**

불안을 회피하지 않고 조금씩 마주하는 방식입니다. 작은 단계부터 차근차근 도전하면서 두려움을 줄여갑니다.

예를 들어 대인불안이 있다면 먼저 소규모 모임에서 대화하고 이후 점차 발표나 대중 모임으로 확장해 나갑니다.

방법: '두려움의 계단'을 그려 한 계단씩 올라가며 훈련하세요.

④ **사례: 불안을 극복한 실제 변화**

-40대 직장인 A씨는 이직 후 능력에 대한 불안이 심했습니다. 인지행동치료를 통해 '나는 무능력하다'는 생각을 '지금은 익숙하지 않을 뿐이다'로 바꾸며 새 환경에 적응했습니다.

-주부 B씨는 자녀 교육에 집착하다 갈등이 심화되었습니다. 명상을 통해 감정을 인식하고 통제 욕구를 내려놓으면서 자녀와의 관계가 회복되었습니다.

불안은 없애야 할 대상이 아니라 관리하고 활용할 수 있는 자원입니다. 집착을 전환하고 명상과 치료를 병행하며 나를 돌본다면 불안은 더 이상 적이 아니라 성장을 돕는 조력자가 됩니다.

절제의 크기만큼
흔들림도 줄어든다

 삶은 매 순간 우리에게 숙제를 내줍니다. 예를 들어 고픈 배를 채우기 위해 무엇을 얼마나 먹어야 할지 고민하게 됩니다. 어떤 사람은 포만감을 위해 숨이 찰 정도로 먹고 또 어떤 사람은 건강한 재료로 만든 음식으로 허기만 달래고 끝냅니다. 누구나 먹어야 살 수 있지만 문제는 '무엇을 얼마나 먹느냐'입니다. 건강한 음식을 알고 있어도 아는 대로 실천하는 사람은 드뭅니다. 본능대로 먹어서는 안 된다는 사실을 알지만, 매번 그 딜레마 앞에서 흔들립니다.

 서른 살에 월급이 제대로 나오는 직장을 얻으면서 빚을 갚고 학교도 다닐 수 있었습니다. 낮에는 직장, 밤에는 학교에 다니며 규칙적인 일상을 살았습니다. 하루 세 끼를 챙겨 먹고 가끔 술자리에 참석하고 야식으로 에너지를 보충했습니다. 서른셋에 결혼하고 나서는 먹는 데 돈을 아끼지 않았습니다. 몸과 마음이 편안해지니 몸무게도 자연히 늘었습니다.

불어난 몸은 좀처럼 줄어들지 않았고 십 수 년 동안 식습관은 변하지 않았습니다. 마흔넷까지 술과 야식이 있는 생활이 이어졌고 몸은 계속 신호를 보냈습니다. 먹는 걸 줄이고 건강한 음식을 먹고 운동하라고 말이죠. 그러나 몸의 신호보다 먹는 즐거움이 더 컸습니다. 매번 신호를 무시하며 시간을 보냈습니다. 해가 거듭될수록 '이대로 괜찮을까' 하는 생각이 들었습니다. 마음 한편에서 '이건 아니다'라는 목소리가 커졌고 결국 먹는 즐거움을 내려놓기로 결심했습니다.

그때부터 식단 관리를 시작했고 어느덧 6년째 이어오고 있습니다. 예전에는 많이 먹어야 건강해진다고 믿었지만 지금은 적게 먹어도 건강할 수 있다고 확신합니다. 믿음만으로는 행동으로 이어지지 않습니다. 변화를 체험해야 믿음이 신념이 되고 신념이 지속할 힘이 됩니다. 주변의 유혹은 여전히 손짓하지만 절제 덕분에 점점 더 건강해지는 자신을 마주할 수 있었습니다.

많이 먹는다고 건강하지 않고 적게 먹는다고 무조건 건강한 것도 아닙니다. 중요한 건 자신에게 맞는 양을 알아차리는 일입니다. 인생을 먹는 즐거움으로 사는 사람도 있고 건강한 식

습관을 가치 있게 여기는 사람도 있습니다. 어느 쪽이 옳다고 단정할 수는 없습니다. 다만 삶에서 '절제'라는 단어는 결코 빼놓을 수 없습니다. 과거에는 절제를 몰랐습니다. 세 끼는 기본, 술은 옵션, 야식은 보너스였습니다. 절제가 왜 필요한지 스스로에게 물으며 합리화했습니다. 그러나 몸이 보내는 신호가 계속되자 생각에도 균열이 생겼고 비로소 '절제'라는 단어가 눈에 들어왔습니다.

음식을 절제하지 못하면 불안이 뒤따릅니다. '이렇게 먹으면 살찌겠지', '이걸 먹고 자면 잠을 설칠 텐데', '숙취로 힘들면서 왜 또 마실까'라는 갈등이 반복됐습니다. 절제를 선택하지 못할수록 복부 비만, 고혈압, 높은 당 수치 같은 문제를 떠안았습니다. 몸이 보내는 신호로 불안했지만 절제하려 하면 오히려 큰일 날 것 같은 불안이 생기기도 했습니다. 익숙한 습관을 바꾸는 일이 두려웠던 겁니다. 하지만 건강한 음식을 선택하면서 절제는 자연스럽게 따라왔습니다. 억지로 하지 않고 몸의 변화를 주의 깊게 살폈습니다. 좋은 음식을 먹은 뒤 변화는 분명했습니다. 몸무게가 줄고 피부가 밝아지고 근육이 붙고 정신이 맑아졌습니다. 절제가 몸을 회복시킨 것입니다.

절제와 불안은 비례합니다. 나쁜 습관을 줄일수록 불안은 줄고 절제하지 못하면 불안은 커집니다. 정크푸드 대신 자연 식

재료를 먹으면 몸은 건강해집니다. 반대로 입만 즐겁게 하는 음식에 집착하면 몸은 망가지고 불안도 커집니다. 절제할수록 몸은 회복되고, 불안은 사라집니다. 불안은 삶을 좀먹지만 절제는 삶을 건강하게 살찌웁니다.

학생 때 숙제는 귀찮았지만 끝내고 나면 남는 게 있었습니다. 절제는 건강뿐 아니라 삶 전반에 필요합니다. 지나치면 안 하는 것보다 못하다고 했습니다. 무절제로 얻는 건 후회뿐입니다. 절제는 고통이 따르지만 후회는 남기지 않습니다. 후회가 적은 인생이 더 가치 있지 않을까요? 그래서 절제가 더 필요합니다.

04

흔들린 만큼
단단해진다

경쟁에서 살아남으려면 남들보다 더 배우고 더 오래 일하고 덜 쉬어야 한다고 배워왔습니다. 그러나 사회에 나서면 누구나 최소한의 노력은 합니다. 그 안에서 돋보이려면 더 치열하게 살아야 한다고 말하죠. 그렇게 남들과 차이 나게 살다 보면 어느새 '일중독'이라는 말을 듣기도 합니다. 문제는 그 훈장이 과연 어떤 가치를 지니느냐입니다.

우리는 '열심히'를 잘못 배운 것 같습니다. '열심히'란 목적을 이루기 위해 지속적으로 행동하는 것입니다. 목적이 분명하면 과정이 즐겁고 지치지 않습니다. 그러나 열심이 지나치면 중독이 됩니다. 중독은 불안과 두려움에서 비롯된 강박적인 행동이며 목적이 흐려지고 과정은 즐길 수 없습니다. 결국 건강을 잃거나 일상이 무너집니다. 그럼에도 우리는 일중독에 더 높은 점수를 주며 그것이 살아남기 위해 당연한 덕목이라고 착각합니다.

지난 20년을 돌아보면 저는 일에 몰입하지 못하면서도 일자리를 놓지 못했습니다. 일이 좋다 싫다 따지기 전에 재미를 찾지 못했기에 몰입도 없었습니다. 흡연이나 설탕처럼 해로운 줄 알면서도 쉽게 놓지 못했던 것과 같았습니다. 차라리 일에 몰두했다면 아홉 번의 이직은 없었을 것입니다. 결국 저는 일 중독이 아니라 일자리 중독이었습니다. 목적 없이 과정에 몰입하지 못한 채 월급만 바라보며 자리를 지켰습니다. 욱하는 성격으로 제 발로 회사를 나왔지만 고치려는 노력조차 없었습니다. 건강한 '열심히'와 강박적인 '중독'을 구분하지 못한 결과였습니다.

직장을 스스로 떠나면서 불안을 자초한 적도 많았습니다. 적성에 맞지 않는다는 핑계로 대충 일했고 자리를 잃을까 두려워 더 집착했습니다. 불안과 두려움이 쌓이니 일자리에 매달릴 수밖에 없었습니다. 다시 돌아간다면 먼저 '열심히'와 '중독'의 차이를 알고 건강한 태도를 선택했을 것입니다. 그래야 어떤 자세로 살아야 할지 명확해졌을 겁니다.

다행히 지난 8년은 '열심히' 책을 읽고 글을 쓰며 보냈습니다. 분명한 목적이 있었기에 지치지 않고 꾸준히 이어올 수 있었습니다. 만약 글쓰기 직업을 선택하고 '무조건 잘해야 한다'는 강박에 사로잡혔다면 어땠을까요? 아마 남과 비교하며 악착같이 썼을 겁니다. 즐기지 못한 채 불안과 강박으로 하루하루를 보냈겠죠. 그랬다면 8년 동안 글을 이어오지 못했을 것입니다. 불안은 필요하지만 적정 수준이어야 합니다. 심리학에서 여키스-도슨 법칙(Yerkes-Dodson law)은 적당한 불안이 최고의 성과를 낸다고 말합니다. 불안이 전혀 없으면 실력을 발휘하기 어렵고 지나치면 제 실력을 못 냅니다. 적절한 불안은 집중력을 높이는 힘이 됩니다.

50대 이후에도 경쟁은 계속됩니다. 남은 시간을 더 의미 있게 보내려면 건강한 불안이 필요합니다. 불안이 성장을 자극하고 경쟁에서도 우위를 만들어줍니다.

자신감, 불안 그리고 꾸준함

　자신감은 어디서 생길까요? 저는 꾸준한 반복에서 나온다고 생각합니다. 습관이 그 대표적인 예입니다. 많은 사람이 새해가 되면 약속을 합니다. 살을 빼겠다, 술을 줄이겠다, 담배를 끊겠다, 책을 읽겠다, 돈을 모으겠다는 다짐이지요. 호기롭게 시작하지만 며칠 지나지 않아 고비가 찾아옵니다. 어떤 이는 포기하고 어떤 이는 이를 악물고 계속 버팁니다. 결국 몇 주가 지나면 성공과 실패가 갈립니다. 꾸준히 해낸 사람에게는 자신감이 붙습니다. 자신감을 지탱하는 힘이 바로 반복입니다.

　처음에는 누구나 의심합니다. '이번에도 실패하지 않을까?'라는 불안이 따라옵니다. 이전에 실패를 반복했다면 그 불안은 더 커집니다. 그러나 아무것도 하지 않으면 인생이 정체된다는 생각이 마음을 찌릅니다. 그래서 결심하고 시작합니다. 다행히 작은 성취가 쌓이면 성취감이 생기고 성취감이 자신감을 키웁니다. 불안이 차지했던 자리를 자신감이 메우기 시작합니다.

자신감이 떨어지면 불안은 커집니다. 반대로 자신감이 커질수록 불안은 줄어듭니다. 자신감을 키우고 불안을 줄이는 출발점은 '작은 성취'입니다. 작은 성취란 일상에서 할 수 있는 소소한 행동입니다. 도전은 거창하지 않아도 됩니다. 문제는 꾸준히 하지 못하기 때문에 번번이 실패한다는 점입니다. 실패가 쌓이면 자신감은 떨어지고 불안은 커집니다. 이 악순환이 삶의 질을 무너뜨립니다.

저는 하루 10분 글쓰기를 권했습니다. 몇몇은 반신반의하며 시작했지만 20일이 지나자 자신감이 붙었다는 사람도 있었습니다. 작은 성공이 반복되면 자신감은 더 단단해집니다. 반대로 의무감으로만 버티는 사람은 시간이 지나면 다시 멈춥니다. 불행히도 자신감과 불안은 반복하지 않으면 원래 자리로 돌아옵니다. 중국의 격언에 학무지경(學無止境)이 있습니다. '배움에는 끝이 없다는 뜻'입니다. 스마트폰 하나를 제대로 사용하기 위해서도 배움이 필요합니다. 하물며 더 나은 인생을 위해서는 끊임없이 자신을 갈고닦아야 합니다.

배움은 어느 한 시기만으로 완성되지 않습니다. 살아 있는 동안 꾸준히 이어져야 합니다. 무엇을 배울지는 각자의 몫이지만 중요한 건 매일 반복한다는 사실입니다. 이 반복은 자신감을 높이고 불안을 줄입니다. 꾸준함은 어렵습니다. 어렵기에 그 가치는 더 큽니다. 꾸준히 달리는 사람은 건강한 몸과 정신을 갖습니다. 꾸준히 읽는 사람은 지혜와 지식을 쌓습니다. 꾸준히 쓰는 사람은 깊은 통찰을 얻습니다. 이들의 공통점은 자신감이 높고 불안에 쉽게 흔들리지 않는다는 점입니다. 누구나 쉽게 하지 못하는 것을 해냈기 때문에 얻는 혜택입니다.

이 자신감은 작은 반복에서 시작합니다. 그 반복은 자신을 성장시키는 도전이어야 합니다. 보이지 않는 곳에서 하나씩 성취를 쌓으면 불안은 옅어집니다. 점점 더 많은 것을 할 수 있게 되고 더 가치 있는 인생으로 나아갑니다. 남에게 보이기 위한 것이 아니라 오롯이 나를 위한 인생이 됩니다. 매일의 작은 성취가 위대한 인생을 세우는 뼈대가 됩니다.

누구에게나
좋은 때는 온다

사람이 성장했는지 알 수 있는 가장 확실한 방법은 스스로 만든 결과를 보는 것입니다. 예를 들어 1년 동안 20권의 책을 읽겠다는 목표를 세우고 이를 달성했다면 그만큼 성장했다고 말할 수 있습니다. 자격증을 취득하거나 원하는 직장으로 이직하고 기대했던 연봉을 받게 되는 것도 마찬가지입니다. 이런 성과가 있다면 오랜만에 만난 친구에게 굳이 설명하지 않아도 그간의 삶이 드러납니다.

2025년 초 봄, 부동산 중개사무소를 운영하는 지인과 점심 식사 후에 카페로 갔습니다. 월급쟁이든, 자영업자든 고민은 비슷했습니다. 자녀를 키우고 노후를 준비하는 것, 결국 안정된 수입을 유지하는 것이 핵심이었습니다. 그는 특별한 계획이 없다고 했습니다. 경기 상황이 좋지 않아서 투자나 확장을 쉽게 결심할 수 없다는 겁니다. 그러나 우리 두 사람의 결론은 같았습니다. 자신이 잘하는 것을 통해 안정적인 파이프라인을 만드는 것, 그것이 불안에서 벗어나는 방법이었습니다. 주변에는 이미 그런 길을 개척해서 성공한 사람들도 있었습니다.

사무실로 돌아오는 길에 내가 올바른 방향으로 가고 있는지 스스로에게 물었습니다. 월급이 생명줄처럼 느껴져 더 많은 시간을 투자하지 못하는 게 사실입니다. 비록 속도는 느리지만 방향은 정했습니다. 이런 자신감이라면 당장 그만둘 수 있는 데 말이죠. 참 아이러니입니다. 뭐가 무서워서 월급을 포기하지 못할까요? 아마도 불확실이라는 놈 때문에 발을 떼지 못하는 거겠죠. 생각해보면 어떤 상황에서도 불확실은 존재합니다. 피할 수 없는 존재이니 때로는 달래며 때로는 단호하게 대해야 합니다. 아직 단호하지 못해 불확실에 끌려다니는 듯하지만 괜찮습니다. 하고 싶은 것이 없었다면 더 불안했을 것입니다. 지금은 하고 싶은 것도, 할 수 있는 것도 명확합니다.

이 시간은 버티는 시간이 아니라 방향을 유지하며 걸어가는 시간입니다. 그 가능성을 믿습니다. 믿는 대로 된다고 믿습니다. 우리에게 더 좋은 순간은 반드시 찾아옵니다.

완벽보다
노력이 더 강하다

제 책 『인생이 막막할 때 책을 만났다』를 지금 보면 부족한 점도 많고 흔한 책 같기도 합니다. 어쩌면 누군가는 위로와 용기를 받았다고 할 수도 있겠죠. 윤홍균 저자님은 『마음 지구력』(21세기북스, 2024)에서 '인간은 완벽하지 않기에 완벽을 추구하다 지쳐버림으로 완벽주의를 내려놓아야 한다'고 했습니다. 완벽함에 집착하면 오히려 아무것도 시작할 수 없다는 의미입니다. 오히려 완벽하지 않기 때문에 시작할 수 있고 엉성하더라도 결과물을 낼 수 있습니다.

저 역시 만약 완벽을 바랐다면 책을 쓰는 일조차 시작하지 못했을 겁니다. 완벽주의는 시작 자체를 막아버립니다. 반대로 완벽할 수 없다는 걸 인정하면 한결 수월하게 시작할 수 있습니다. 완벽은 불가능하지만 노력은 가능합니다. 적어도 나와 비슷한 수준의 누군가에게는 도움이 될 내용을 쓰겠다는 마음이면 글을 쓸 수 있습니다. 목표를 현실적으로 낮추면 부담은 줄고 오히려 꾸준히 쓸 힘이 생깁니다.

완벽하지도 못하면서 결과는 완벽해야 한다고 생각하는 게 불안을 조장합니다. 과정은 소홀히 하고 결과에만 매달리니까요. 당연히 원하는 성과도 나오지 않습니다. 목표를 이루지 못하면 스스로를 탓하고 '나는 안 되는 사람'이라는 결론을 내려 버립니다. 그러면 더 이상 도전하지 않게 됩니다. 나라는 사람 자체가 완벽하지 않다는 사실을 인정하면 도전은 쉬워집니다. 중요한 건 했느냐, 하지 않았느냐입니다. 오늘도 했다면 그것으로 충분합니다. 결과물이 엉성해도 과정에 충실했으니 보상이 있습니다. 이 작은 성취가 자신에게 주는 선물입니다.

완벽에 대한 집착은 과정에서 얻는 성취와 만족을 막습니다. 반대로 불완전한 결과도 다듬으면 더 나아집니다. 조금씩 나아지면 더 잘 해보고 싶은 마음도 생기고 모르는 걸 배우려는 열정도 생깁니다. 이런 선순환은 완벽을 내려놓을 때 가능해집니다.

"강한 자가 살아남는 게 아니라 살아남는 자가 강하다"라는 말이 있습니다. 저는 여기에 한 가지를 덧붙이고 싶습니다.

"완벽한 사람이 잘하는 것이 아니라 시작하고 계속하는 사람이 탁월해진다"

완벽에는 기준이 없습니다. 애초에 도달할 수 없는 목표이지만 시작하고 반복하는 사람만이 그 기준에 조금씩 다가갑니다. 계획만 세우고 시작하지 않는 사람에게는 완벽해질 기회조차 주어지지 않습니다. 할 수 있는 것부터 시작하면 반드시 결과가 있습니다. 완벽하지 않아도 괜찮습니다. 스스로를 다그치지 않으면 실수를 인정하고 돌아서 가고 멈췄다가 다시 시작할 용기도 생깁니다. 완벽주의에는 이런 유연함이 결코 없습니다.

혹시 스스로를 완벽하지 않다고 무작정 다그치며 주저앉아 있지 않나요? 완벽할 수 없음을 인정하지 못하고 있나요? 그렇다면 한 번 물어보세요. 내가 정말 바라는 게 완벽한 결과인지, 아니면 노력에서 오는 만족인지.

완벽은 결과가 아니라 과정에서 오는 성실함에서 조금씩 다가옵니다. 결국 완벽보다 중요한 건 오늘도 멈추지 않고 꾸준히 노력하는 자신입니다.

Chapter 05

너머의 삶을 살다

나답게 살아야 의미가 된다

01

지금, 나만의 색을
찾아야 할 때

　이희철 저자님의 책 『일할 사람이 사라진다』(위즈덤하우스, 2024)에서는 인구 감소가 개인과 기업, 산업, 국가 경제 전체에 미칠 영향을 예측하고 대응하는 것이 얼마나 중요한지 강조합니다. 중년을 지나 노년으로 향하는 4050세대에게 일자리 경쟁은 앞으로 더 치열해질 것입니다. 노년의 삶의 질은 결국 양질의 일자리에 의해 좌우됩니다. 그러기 위해서는 내가 어떤 일을 할 수 있고 무엇을 하고 싶은지 분명히 아는 것이 필요합니다. 자신을 제대로 이해하는 것 그 지점이 하고 싶은 일을 찾는 출발점이 됩니다. 지금까지의 길에서 벗어나 새로운 길을 걸어보겠다는 각오가 시작이 될 수 있습니다.

　나만의 일을 찾으려면 우선 지금 손에 쥔 것을 내려놓는 용기가 필요합니다. 빈손이 되어야 새로운 것을 붙잡을 기회가 생기기 때문입니다. 하지만 수십 년 동안 해온 일을 내려놓는 일은 쉽지 않습니다. '배운 게 도둑질'이라는 말처럼 익숙함은 안전함을 주지만 동시에 불안을 만듭니다. 쌓아온 것을 잃을까 두렵고 그것마저 없으면 남은 인생이 막연하게 느껴질 수 있습니다.

그러나 이 두려움을 뒤집어 생각해 보면 수십 년 해온 일이니 이제는 새로운 일에 도전해 볼 필요가 있고 도전해 보지 않는다면 언젠가 더 크게 후회할 수도 있을 것입니다. 도전은 결과를 보장하지 않지만 후회를 줄여줍니다. 시도해 보아야만 알 수 있는 길이기 때문입니다. 정작 도전해 보니 별게 아닐 수도, 평생 찾던 일을 만날 수도 있을 것입니다. 어느 경우이든 도전했을 때만 알 수 있습니다. 도전이 새로운 기회를 만들고 몰랐던 가능성을 발견하고 숨겨두었던 끼를 꺼내는 계기를 만들어 줄 수 있으니까요.

매일 조금씩 나만의 속도로 걸어야 합니다. 중요한 것은 속도가 아니라 방향입니다. 내가 어떤 사람이 될지, 어디를 향할지 스스로 정해야 합니다. 주변에도 저와 같은 사람들이 많습니다. 각자 가치관과 목적을 가지고 읽고 쓰며 자기만의 길을 걷는 사람들이죠. 그들 속에서 돋보이기 위해서는 나만의 색이 필요합니다. 나이 들어서도 '나'라는 정체성을 잃지 않기 위해서입니다. 정체성은 누가 만들어주는 것이 아니라 스스로 찾아야 합니다.

3040대를 지나며 우리 모두는 자신만의 색을 만들기 위해 애써왔습니다. 남들과 차별화되는 무언가를 발견하고 키워왔습니다. 그것이 지금까지 살아남게 해준 힘이었습니다. 이제는 그 기술을 써먹을 때입니다. 하고 싶은 일을 발견하는 과정도 필요하고 그것을 찾으면 차별화된 기술이 더해져야 합니다. 경쟁은 피할 수 없기 때문입니다.

이 모든 것은 하루아침에 완성되지 않습니다. 시간을 두고 꾸준히 노력할 때 성과가 있습니다. 같은 무리 속에서도 나를 드러내는 정체성이란 건, 특별한 사람만 할 수 있는 것이 아닙니다. 시작하고 꾸준히 하는 사람이 특별해집니다. 노력이 주는 보상이 남들과 다른 특별함을 만들어줍니다. 시도하는 것이 먼저입니다. 나에게 필요한 것은 남에게도 필요할 수 있습니다. 단 한 사람에게라도 도움이 된다면 그것으로 충분합니다.

나만의 색이 없을 때 사람은 늘 불안합니다. 할 줄 아는 게 없으면 막막합니다. 그러나 꾸준히 해온 것들은 자기의 정체성이 됩니다. '적어도 나는 이건 할 줄 알아', '이것만큼은 누군가에게 도움을 줄 수 있어'라는 확신이 생깁니다. 작은 것이라도 스스로 만족하면 불안은 줄어듭니다. 불안이 줄어들면 할 수 있는 일과 하고 싶은 일도 많아집니다. 하루하루 성실히 살다 보면 내가 있어야 할 곳도 자연스레 찾아질 것입니다. 남은 인생을 더 근사하게 보낼 수 있게 말이죠.

자기만의 콘텐츠를 만드는 방법

1단계: 나를 정확히 이해하는 것부터 시작한다

- 내가 잘하는 것과 못하는 것, 좋아하는 것과 싫어하는 것을 분명히 구분해야 한다.
- 스스로에게 솔직한 질문을 던지고 답을 찾아가는 과정이 필요하다.

예시 질문

지금까지 나는 무엇을 좋아하며 살아왔는가?
무엇을 잘하고 어떤 것에 흥미를 느끼는가?
앞으로 나의 가치는 어디에서 찾고 싶은가?

2단계: 기존의 일을 내려놓고 빈손이 될 용기를 가진다

- 새로운 것을 얻으려면 기존의 것을 내려놓아야 한다.
- 손에 쥔 것을 놓는 일은 두렵지만 그 순간이 새로운 출발점이 된다.

3단계: 불안과 막연함을 기회로 삼는다

- 불안은 누구에게나 찾아오지만 그만큼 더 치열하게 새로운 길을 모색할 수 있는 동력이 된다.
- 막연함은 행동과 도전을 통해서만 사라진다.

실천 TIP

도전해 보지 않고 후회하는 것보다 도전하고 경험을 얻는 것이 낫다.

4단계: 새로운 일에 과감히 도전한다

'내가 이 나이에 할 수 있을까?'라는 두려움을 내려놓고 시도해야 한다. 성공 여부는 알 수 없지만 시도하지 않으면 결과도 없다.

5단계: 나만의 속도와 방향을 정한다

- 타인의 속도에 휘둘리지 말고 나만의 속도로 꾸준히 걸어 간다.

- 목적지를 분명히 하고 방향을 잃지 않는 것이 중요하다.

6단계: 자기만의 색깔(정체성)을 확립한다

- 남과 같은 일을 하더라도 나만의 특색과 가치를 찾고 키워야 한다.
- 시간은 걸리지만 꾸준히 쌓으면 결국 특별한 콘텐츠가 된다.

7단계: 작은 성과를 꾸준히 쌓아간다

- 큰 성과를 단기간에 기대하지 말고 작은 성공을 반복적으로 쌓아 올린다.
- 이 과정에서 자신만의 브랜드와 신뢰가 만들어진다.

8단계: 단 한 명이라도 만족시키는 콘텐츠를 만든다

- 모든 사람을 만족시키려 하지 말고 특정 대상에게 확실히 도움을 주는 콘텐츠를 목표로 삼는다.
- 스스로 만족하고 작은 가치를 인정할 때 불안은 줄어든다.

중요 TIP

만인을 만족시키지 않아도 된다. 단 한 사람에게라도 진정한 도움을 준다면 충분히 성공이다.

최종 목표

나만의 콘텐츠로 불안을 줄이고 인생의 만족도를 높이는 것.

작은 성과와 자신만의 콘텐츠를 통해 정체성을 세우면 삶의 안정감과 만족감이 커지고 중년 이후의 삶이 더욱 의미 있게 바뀐다.

02
인생에도 '고스톱'이 필요할 때가 온다

　화투를 칠 때 GO를 할지, STOP을 할지 고민되는 순간이 있습니다. GO를 하면 더 큰 점수를 얻을 수 있을 것 같고 STOP을 하면 지금 점수를 지킬 수 있습니다. 따놓은 점수가 어정쩡하면 선택은 더 어려워집니다. 49:51의 비율에 모든 걸 거는 것과 같습니다. 아이러니하게도 인생에도 비슷한 순간이 있습니다. 결국 '가야 할지, 멈춰야 할지' 선택해야 하는 순간이 찾아오니까요.

　언제나 멈칫하는 순간이 옵니다. '지금 이게 맞는 길인가?'라는 의심이 고개를 드는 순간입니다. 돈을 쏟아 부었지만 손에 남는 게 없을 때, 좋아하는 일이라고 믿었지만 성과가 더디게 나올 때, 억지로 버텨온 일이 갈수록 화만 치밀어 오를 때 찾아옵니다. 이때 필요한 건 정신의 환기입니다. 묵은 생각 대신 신선한 시각을 불어넣어 주는 것이죠.

지금 하는 일에 의심이 드는 건 오히려 좋은 신호일 수 있습니다. 건너는 다리가 돌다리인지 잠시 멈춰 두드려 보는 과정이 필요합니다. 잠시 걸음을 멈추면 비로소 지금까지 걸어온 길이 보이고 앞으로 어디로 갈지 방향도 점검할 수 있습니다. 달리거나 걷는 동안에는 보이지 않던 것들이 멈춰서야 눈에 들어옵니다. 만약 이런 '멈춤'의 순간이 없다면 어떨까요? 엔진은 과열되고 길은 점점 목적지와 멀어지고 힘은 힘대로 빠지면서 낙오할 것 같은 불안만 커질 것입니다.

책을 집필할 때도 비슷한 순간이 찾아옵니다. 주제를 정하고 몰입해 초고를 쓰는 동안에도 '이 주제가 사람들에게 읽힐까?', '끝까지 쓸 수 있을까?', '헛수고는 아닐까?'라는 의심이 밀려옵니다. 이미 누군가가 다룬 주제라면 어쩌나 하는 불안도 생깁니다. 의심이 마음을 뒤덮으면 쉽게 헤어 나오지 못하고 결국 GO와 STOP을 고민하게 됩니다.

앞으로 나아갈지 멈출지를 결정짓는 건 결국 1퍼센트의 가능성입니다. 확신은 없지만 51퍼센트라 믿는 쪽으로 발걸음을 내딛는 겁니다. 의심이 든다고 멈추면 아무 일도 일어나지 않습니다. 이 1퍼센트의 가능성은 어디서 나올까요? 그동안 해온 자신에 대한 믿음에서 나옵니다. 불확실 속에서도 시작했던 용기, 의심을 견디며 꾸준히 써온 시간, 결과가 불안해도 흔들리지 않고 몰입했던 자신에게서 답을 찾을 수 있습니다. 집필을 시작한 것도, 끝까지 버텨온 것도 오롯이 자신의 선택이었으니 결국 자신을 믿는 게 불안을 줄이는 최선입니다.

책 한 권을 써내려면 긴 숙고와 인내가 필요합니다. 그 시간 동안 많은 것을 포기해야 할지도 모릅니다. 출간 후에도 불안은 사라지지 않습니다. 그러나 과정의 고통과 출간 후의 불안은 우리를 성장시키는 또 다른 선택지가 됩니다. 이때도 'GO'와 'STOP'을 선택할 순간이 찾아옵니다.

책을 쓰는 과정은 자신을 알아가고 다듬는 기회입니다. 알던 것은 더 깊어지고 모르던 것은 배우며 성장하게 됩니다. 주제만큼은 누구보다 전문가가 되어가죠. 성실과 인내, 노력이 만든 결과물은 남들과 다른 차별성을 갖게 합니다. 남들이 하지 못한 것을 해냈다는 사실만으로도 충분히 값집니다. 무엇보다 이 과정은 자신을 한 단계 성장시키는 기회입니다. 과정에서 느낀 고통보다 결과로 얻는 것이 더 많기 때문입니다. 결국 이런 수고는 남이 아닌 자신을 위한 투자입니다. 영광도 실패의 교훈도 모두 자신에게 양분이 됩니다.

현재의 일에서 결과를 알 수 있는 사람은 없습니다. 할 수 있는 건 의심을 멀리하고 불안해하지 않으며 묵묵히 걸어가는 것뿐입니다. 그러다 보면 어느새 중간 지점에 다다르고 목적지를 코앞에 두게 됩니다. 완성의 순간조차 의심과 불안은 함께할 것입니다. 그때도 처음처럼 자신을 믿는 것이 전부입니다. 다른 생각해 봐야 달라지는 건 없으니 처음의 각오를 기억하고 자신에 대한 확신으로 끝까지 밀어붙이는 겁니다. 그렇게 가다 보면 더 좋은 성과를 만나고 더 성장한 모습으로 거듭나게 될 것입니다. 의심과 불안을 원동력 삼아 한 걸음씩 나아가는 것이 결국 인생의 'GO'입니다.

03
건강을 외면하면
흔들림은 커진다

2020년 11월 29일, 건강검진 결과지를 받았습니다. 몸무게 82킬로그램, 복부비만, 높은 콜레스테롤 수치, 운동 부족, 내장 지방, 위염 초기 한마디로 지금부터 관리하지 않으면 언제 어떻게 될지 모르는 몸이라는 진단이었습니다. 사실 이런 결과는 처음이 아니었습니다. 몇 해 전부터 반복해서 같은 이야기를 들었지만 고치려는 노력을 하지 않았습니다. 언제까지 아무 일 없을 거라는 보장은 없었습니다. 스스로 바꾸지 않으면 몸은 달라지지 않고 최악의 상황이 닥쳐도 할 말이 없을 겁니다.

몸 상태를 자각하고 달라지기로 결심했습니다. 다음 날부터 행동으로 옮겼습니다. 우선 다양한 책을 읽으며 필요한 정보를 모았고 그중 실천할 수 있는 것들을 추려냈습니다. 잘못된 정보로 무리하게 시작했다가 피해를 보는 건 나 자신이기에 신중했습니다. 그렇게 검토한 후 지금까지 5년 동안 꾸준히 실천해 온 다섯 가지가 있습니다.

내 몸을 바꾸는 다섯까지 방법

첫째. 공복 시간을 갖는다

식사량을 세 끼에서 두 끼로 줄였습니다. 처음에는 공복감이 견디기 힘들었습니다. 하지만 굶는 동안 몸이 회복된다고 생각을 바꾸었습니다. 단식 상태에서 세포가 회복 작용을 한다는 사실은 이미 의학적으로 알려져 있습니다. 한 끼를 거른다고 큰일 나지 않았습니다. 오히려 집중력이 높아지고 군살이 빠지는 효과도 봤습니다. 그래서 매일 최소 12시간 공복을 유지하려고 지키고 있습니다.

둘째. 매일 한 끼는 건강한 음식을 먹는다

공복 이후 첫 끼가 중요합니다. 단식으로 몸이 깨끗해진 상태에서 무엇을 넣느냐에 따라 몸의 반응이 달라집니다. 자연에서 온 재료, 채소와 과일, 조미가 덜 된 건강한 음식을 선택했습니다. 주중 점심은 샐러드 한 그릇으로 채웠습니다.

셋째. 틈틈이 운동한다

먹는 것 못지않게 운동은 필수입니다. 몸을 움직이지 않으면 좋은 음식을 먹어도 결국 쌓입니다. 운동선수처럼 할 필요는 없습니다. 밥을 먹고 10분만 걸어도 체중 관리에 효과가 있다는 연구가 있습니다. 직장에서 점심 후 짧은 산책만으로도 충분히 건강을 유지할 수 있습니다. 무엇보다 운동은 불안을 줄이는 데 효과적입니다. 엔도르핀과 같은 신경전달물질이 불안을 낮춰 마음을 안정시킵니다.

넷째, 간식을 줄인다

주변에는 달콤한 음식이 넘칩니다. 대부분의 가공식품에는 당이 들어 있습니다. 지나친 당 섭취는 비만의 원인입니다. 당은 필요한 에너지만 쓰이고 나머지는 지방으로 저장됩니다. 결국 살이 찌는 원리죠. 세 끼 식사 외의 간식은 거의 모두 살로 변합니다. 당이 든 간식은 멀리하는 것이 건강을 지키는 첫걸음입니다.

다섯째, 내 몸에 좋은 것을 우선한다

패스트푸드는 먹을 때는 좋지만 몸에는 해롭습니다. 건강을 위해 만들어진 음식이 아니기 때문입니다. 건강한 몸을 원한다면 스스로 조절할 수밖에 없습니다. 내 몸에 좋은 것이 무엇인지 먼저 생각하고 선택하면 됩니다. 좋은 것을 먹으면 몸도 좋아집니다.

물론 먹고 싶은 것을 참는 건 쉽지 않습니다. 고통이 따릅니다. "먹는 재미없이 오래 살면 무슨 의미냐"라고 말할 수도 있습니다. 그러나 냉정하게 보면 이미 우리가 먹는 음식 중에는 건강을 해치는 것이 더 많습니다. 원하는 대로 다 먹으면 각종 질병에 노출됩니다. 만성질환의 대부분이 잘못된 식습관에서 비롯된다는 것은 학계에서도 인정하는 사실입니다. 조금만 관심을 가지면 금방 알 수 있고 올바른 정보가 필요한 이유이기도 합니다.

이 다섯 가지를 5년째 실천한 결과, 몸무게는 물론 각종 수치가 정상 범위로 돌아왔고 근육량과 체지방도 건강한 수준을 유지하게 되었습니다. 몇 달 만에 얻은 결과가 아니라 꾸준한 노력의 결과입니다. 제가 특별해서가 아닙니다. 누구나 할 수 있습니다. 내 몸에 좋은 것을 먼저 선택하겠다는 마음가짐이 시작입니다. 그렇게 하나씩 실천하면 몸도 응답합니다. 몸은 정직합니다.

건강을 원한다면 지금 당장 실천할 수 있는 것부터 시작해 보세요. 한두 정거장을 걸어도 좋고 아침을 건너뛰어도 좋고 술자리를 피하고 샐러드 한 끼를 선택해도 좋습니다. 작은 노력은 금방 효과로 이어집니다. 몸을 믿어보세요. 당신의 몸은 그에 맞는 변화를 보여줄 것입니다.

04
나를 단단하게 하는 혼자 있는 시간

보편적 생활 패턴은 크게 두 부류로 나뉩니다. 새벽이 있는 사람과 그렇지 않은 사람입니다. 새벽이 있다는 건 남들보다 일찍 하루를 시작한다는 의미입니다. 이유는 다양합니다. 회사가 멀어 일찍 나서야 하는 사람, 출근 시간이 이른 사람 혹은 아침부터 일을 몰아서 해야 하는 사람이 있습니다. 반대로 새벽부터 움직이지 않는 이들은 직장이 가깝거나 출근이 늦거나, 밤에 일을 많이 하는 직업을 가졌을 것입니다.

저는 새벽이 있는 생활 패턴에 속합니다. 회사까지 대중교통으로는 1시간 반, 자가용으로는 1시간, 정체가 심하면 1시간 반이 걸립니다. 9시 출근을 맞추려면 집에서 7시에는 나서야 합니다. 자연히 6시에는 일어나야 했습니다. 매일 아침 사람과 차에 시달리는 게 싫었습니다. 그래서 더 이른 5시 50분에 집을 나섰고 6시 30분이면 회사에 도착했습니다.

6시 30분, 여전히 새벽입니다. 누군가는 출근 준비를 하지만 대부분은 아직 이불 속에 있습니다. 저는 그 시간부터 하루를 시작합니다. 새벽의 고요함이 주는 몇 가지 혜택은 무엇보다 나를 찾는 사람이 없다는 것입니다. 덕분에 집중이 더 잘됩니다. 저는 이 시간에 책을 읽고 글을 씁니다. 지금 직장으로 옮기면서 새벽 출근을 선택했고 마침 책을 읽기 시작해서 새벽은 제게 최적의 시간이 됐습니다. 덕분에 1,500권 넘는 책을 읽었습니다. 새벽 시간을 활용하지 않았다면 결코 얻을 수 없었던 성과였습니다.

사람마다 집중이 잘 되는 시간대가 있습니다. 누군가는 잠들기 전 몇 시간을, 누군가는 저처럼 새벽을 좋아합니다. 어느 시간이 더 낫다고 단정할 수는 없습니다. 중요한 건 자신이 가장 몰입할 수 있는 시간을 찾는 것입니다. 이를 알 수 있는 방법은 직접 해보는 수밖에 없습니다. 직장인, 학생, 주부, 자영업자 누구나 일상에서 자기만의 시간을 발견해야 합니다.

집중이 잘 되는 시간에는 몇 가지 조건이 필요합니다. 일정한 시간의 확보, 주변의 방해가 적음 그리고 원하는 성과를 만들어내는 것입니다. 시간을 투자했다면 그에 맞는 결과물이 나와야 합니다. 시험 성적, 합격증, 자격증, 투자 성과, 자기 계발 어떤 형태든 눈에 보이는 결과가 있어야 합니다. 성과가 없다면 집중하지 못했다는 의미이기도 합니다. 나와 맞지 않는 시간대일 수도 있습니다.

다만 저는 누구에게나 새벽 시간을 추천합니다. 어떤 일을 하든 의지만 있다면 새벽은 누구에게나 열려 있습니다. 새벽은 하루 중 가장 방해 없이 몰입할 수 있는 시간이자 집중한 만큼 효과가 뛰어난 시간이니까요. 그래서 생활 습관을 바꿔서라도 누릴 가치가 있다고 생각합니다. 원하는 결과와 더 높은 삶의 질을 보장해 주기 때문입니다.

하지만 새벽에 일어나는 건 쉽지 않습니다. <미라클 모닝>이라고 말하듯 새벽은 기적 같은 시간입니다. 대부분의 일상이 저녁을 중심으로 돌아가기 때문입니다. 인간관계, 회식, 미팅, 학원, 잔업이 주로 저녁에 이뤄집니다. 밤늦도록 이어진 일상은 새벽을 빼앗아 갑니다. 그렇게 지친 몸으로는 새벽을 맞이하기 어렵습니다. 인생의 모든 순간을 새벽에 시작하라는 말은 아닙니다. 다만 어떤 목표가 생긴다면 그 목표를 위해 기꺼이 시간을 투자해야 하고 이때 새벽을 활용해 보기를 권합니다. 그 목표가 인생을 180도 바꿔 놓을 수도 있습니다. '살면서 한 번은 무언가에 미쳐 보라'는 말이 있습니다. 원하는 삶을 살기 위해서는 시간과 노력이 반드시 필요하다면 그 시간은 새벽에 있다고 저는 생각합니다.

각자의 기준이 다를 테지만 새벽의 가치는 분명합니다. 가성비가 뛰어난 시간, 방해 없이 몰입할 수 있는 시간, 빠른 성과를 낼 수 있는 시간입니다. 같은 성과를 낸다면 자기 전 몇 시간도 충분히 가능합니다. 중요한 건 선택입니다. 뭐든 직접 해 봐야 압니다.

혹시 오늘도 늦잠을 잤나요? 이유가 있을 겁니다. 그만큼 열심히 살았다는 증거이기도 합니다. 하지만 묻고 싶습니다. 열심히 사는 것 안에 자기 계발, 더 나은 직장, 높은 연봉, 퇴직 후의 고민은 포함되어 있나요? 그것들은 자신을 성장시켜야만 얻을 수 있습니다. 성장을 위해 어떤 노력을 하나요? 하루 중 나를 위한 시간은 얼마나 되나요?
시간이 부족하다면 새벽을 활용해 보세요. 불안으로부터 멀어지고 한 단계 성장할 자신을 만날 수 있을 것입니다.

05
제대로 사는 것이
최고의 해답이다

'산다'라는 단어에는 세 가지 의미가 들어 있습니다. '무엇을 사는가, 어디에 사는가, 그리고 어떻게 사는가'입니다. 무엇을 산다는 건, 생활에 필요한 물건을 의미합니다. 어디에 산다는 건, 편히 쉴 수 있는 공간을 말합니다. 그리고 어떻게 산다는 건, 매일 주어진 하루를 얼마나 가치 있게 보내느냐에 대한 질문입니다. 이 셋 중 어디에 더 무게를 두고 살아야 할까요? 여러분에게 가장 중요한 건 무엇인가요?

2014년, 둘째가 태어난 이듬해 저는 포드 퓨전을 샀습니다. 조금 더 큰 차가 필요하다는 데 아내와 의견을 모았습니다. 며칠 고민하다가 예산을 1천만 원 정도 초과했지만 근사한 외관과 가족의 안전을 책임질 만큼 튼튼하다고 믿었습니다. 차를 인수한 뒤 한동안 사람들의 시선을 즐겼습니다.

두 딸이 태어나 자라면서 집은 점점 좁아졌습니다. 대출을 더 받아 무리해서라도 넓은 집을 선택했습니다. 이사 후 집들이를 하며 널찍한 집을 보여줄 수 있어 뿌듯했습니다.

저를 포함해서 SNS 시대에 많은 사람이 이렇게 겉으로 보이는 모습에 쉽게 흔들립니다. 주변 사람은 물론 유명인의 화려한 삶과 자신을 비교합니다. 초라해 보이지 않으려고 값비싼 물건을 사고 넓은 집을 고릅니다. 저 역시 예산을 초과해 수입차를 샀고 대출금을 감당하며 넓은 집을 선택했습니다. 결국 스스로 불안을 키운 꼴이었습니다. 겉보기에는 좋아 보였지만 살림은 나아지지 않았고 대출금에 허덕였습니다. 무엇을 사고 어디에 사는가보다 더 중요한 건 어떻게 사는가였는데 말입니다.

마흔까지 자기 계발은 번번이 실패했고 나를 위해 살기보다 나를 혹사했습니다. 마음은 늘 불안했고 앞으로가 막막했습니다.

결론부터 말하면 지금은 덜 불안한 일상을 살고 있습니다. 경제적으로 여유가 생긴 건 아니지만 매일 읽고 쓰며 스스로에게 질문하고 답을 찾는 과정 속에서 마음의 여유가 생겼습니다. 정답은 없습니다. 내가 원하는 인생을 사는 게 정답입니다. 나를 알고 어떻게 사는 게 나에게 맞는지 아는 게 시작입니다.

자동차나 집, 물건은 소유해도 불안하고 갖지 못해도 불안합니다. 반면 스스로 만족하는 삶은 불안할 이유가 없습니다. 남에게 보여주기 위해 사는 게 아니기 때문입니다. 물건에 가격을 매기듯 삶에 숫자를 붙일 수는 없습니다. 평가조차 필요 없습니다. 만족스러운 삶은 누구의 평가도 필요 없고 오직 자신의 만족이 전부이기 때문입니다.

근사한 자동차나 넓은 집은 눈에 보이지만 '어떻게 사는가'는 눈에 보이지 않습니다. 어쩌면 자기만족일 수 있습니다. 그러나 그런 자기만족이 삶에서 불안을 줄이고 없앨 수 있습니다. 여러분은 어떤 삶을 선택하시겠습니까?

부부 사이를 지켜주는
단 하나의 언어

신혼 초, 아내가 말했습니다.
"샤워하고 나서 바닥에 비누 거품 안 보였으면 좋겠어."
어려운 일도 아니라 알겠다고 답했습니다. 결혼 전에도 결혼 후에도 아내는 저에게 특별한 요구를 하지 않았습니다. 아니, 다른 부탁도 있었을지 모르지만 오래 기억에 남지 않았습니다. 아마 들어주지 못했거나 금세 흐지부지됐을 겁니다. 다행히 이 부탁만은 17년이 지난 지금도 지키고 있습니다.

하루, 열흘, 한 달, 일 년이 지나 습관이 됐습니다. 씻은 뒤 틀어놓은 샤워기로 수채 주변 거품을 몇 번만 헹구면 됩니다. 거품이 빨려 들어가는 걸 보며 속으로 '오늘도 당신의 부탁을 지켰다'고 중얼거립니다. 작은 습관이지만 묘한 뿌듯함이 따릅니다.

좋은 습관 하나가 인생을 바꾼다고 합니다. 좋은 습관은 생각을 바꾸고 생각은 태도를, 태도는 운명을 바꿉니다. 17년간 몇 번의 위기를 넘길 수 있었던 건 서로를 배려하는 작은 습관 덕분이라고 믿습니다. 청소는 1분도 걸리지 않습니다. 그 1분을 아끼겠다고 부탁을 무시했다면 어땠을까요?

인기 드라마였던 <폭싹 속았수다> 속 남자 주인공 양관식은 최고의 남편감으로 불립니다. 그의 일편단심은 모든 남편의 본보기입니다. 관식과 애순은 서로에게 0순위입니다. 눈에 보이는 행동뿐 아니라 보이지 않는 곳에서도 서로를 애틋하게 챙깁니다. 진정한 사랑은 보이지 않는 곳에서도 힘을 잃지 않는다는 걸 보여줍니다.

나이 들어갈수록 의리가 더 필요하다는 말에도 공감합니다. 의리 속에는 존중이 있습니다. 사랑 속에도 존중이 있죠. 사람은 상대적입니다. 내가 받고 싶은 건 상대도 받고 싶습니다. 내가 하기 싫은 건 상대도 하기 싫습니다. 내가 존중받고 싶다면 먼저 상대를 존중해야 합니다. 존중받는다고 느끼면 상대도 똑같이 되돌려줍니다. 이 마음은 굳이 드러내지 않아도 순간순간에 묻어납니다.

철학자 에리히 프롬(Erich Fromm)은 '사랑은 능동적인 활동이자 대가 없이 주는 행위'라고 말했습니다. 명품 가방을 사주는 것만이 능동적인 행위는 아닙니다. 음식물 쓰레기를 버리고 화장실 청소를 하고 빨래를 널고 혼자 밥을 차려 먹는 것도 상대에게는 능동적인 사랑입니다. 모든 행동은 존중에서 비롯됩니다. 저녁 한 끼 아내가 차려주는 밥은 아내의 사랑이자 제게는 큰 기쁨입니다. 그 한 끼를 위해서라도 기꺼이 거품 청소를 계속합니다. 남는 장사니 하지 않을 이유가 없습니다.

07

배우는 사람은
흔들리지 않는다

야구공을 쥐는 방법 하나만으로도 공의 구질이 달라집니다. 다양한 구질을 구사하는 투수는 타자와의 싸움에서 우위를 점할 수 있고 이는 곧 팀의 승리로 이어집니다. 그렇기에 투수에게 공을 쥐는 법은 영업 비밀과도 같습니다. 같은 팀 선수끼리도 쉽게 알려주지 않죠. 그럼에도 불구하고 기꺼이 비법을 전수하는 선수가 있다면 그건 은혜를 베푸는 일과 다름없습니다. 반대로 구질이 다양하지 않은 선수는 배우려는 태도가 성공의 척도가 됩니다. 어떻게든 배우려는 노력 자체가 성장의 기회가 되는 것입니다.

경력이 오래된 투수도 새로운 구질을 배우려는 갈증이 있습니다. 프로 세계에서 살아남기 위해서는 당연한 태도입니다. 하물며 신인이라면 더 절실합니다. 기본 구질은 코치에게 배울 수 있지만 자기만의 무기가 될 구질은 스스로 찾아 익혀야 합니다. 막강한 무기를 가진 병사가 전장에 더 오래 살아남듯 신인도 자기 무기를 찾을 때 경쟁력을 가질 수 있습니다. 고참이든, 신참이든 결국 배우려는 마음이 경쟁력을 만드는 법입니다. 배우지 않는 선수는 자연히 뒤처지고 배우는 선수에게는 기회가 열립니다.

배움은 야구선수에게만 해당되지 않습니다. 어느 분야에서나 배우지 않으면 경쟁에서 뒤처집니다. 뒤처질수록 불안은 커지고 배우는 사람은 경쟁에서 앞서며 불안이 줄어듭니다. 이 단순한 논리를 모르는 사람은 없습니다. 문제는 알면서도 배우지 않는 사람이 많다는 점입니다. 자기 분야에서 앞서가는 사람은 꾸준히 배우며 실천합니다. 늘 자신에게 부족한 게 무엇인지 알고 채우려는 태도가 결국 경쟁력이 됩니다.

저도 직장생활 동안 다양한 시도를 할 수 있었던 건 매일 배웠기 때문입니다. 매일 책을 읽으며 새로운 것을 익혔기에 용기를 낼 수 있었습니다. 책을 읽기 전에는 직장만 다니기도 벅찼습니다. 마치 직구만 던질 줄 아는 투수와 같았습니다. 책은 다양한 구질이 있음을 알려주었고 던지는 법까지 알려주었습니다. 저는 배운 대로 하나씩 행동으로 옮겼습니다. 어떤 건 손에 익지 않아 포기했지만 어떤 건 승리를 맛보게 했습니다. 반복된 경험 끝에 저는 가장 잘 던질 수 있는 주무기를 얻었습니다. 글쓰기를 가르치는 것이 평생의 무기가 되었습니다.

주무기를 얻었다고 끝이 아닙니다. 남들과 차별화를 만들려면 더 배워야 했습니다. 내가 아는 걸 남도 알고 있다면 경쟁력이 없습니다. 남이 모르는 걸 알아야 경쟁력이 생깁니다. 그래서 같은 길을 걷는 이들이 어떻게 가르치는지도 살펴야 했습니다. 전쟁에서 승리하려면 적을 아는 게 우선인 것처럼 나보다 앞선 이들에게서 배우는 건 필수입니다. 직접 만나 배우기도 하고 책을 통해 간접적으로 배우기도 했습니다. 배우려는 마음만 있다면 방법은 언제나 찾아집니다.

프로선수에게는 '선수 생명'이라는 말이 따라붙습니다. 아무리 뛰어나도 나이가 들면 은퇴를 피할 수 없습니다. 하지만 어떤 선수는 새로운 배움을 통해 같은 분야에서 또 다른 역량을 발휘하기도 합니다. 직장인도 마찬가지입니다. 퇴직과 함께 자기 분야를 떠나는 이가 있는가 하면 끊임없이 배우며 나이를 잊고 현역처럼 활동하는 이도 있습니다. 이 차이를 만드는 건 배우는 태도입니다. 배우는 사람에게 퇴직이나 은퇴는 의미가 없습니다. 때에 맞게 자신을 최적화하는 것이 바로 배움의 힘입니다.

배우는 사람은 내일을 불안해하지 않습니다. 오히려 배울수록 경쟁력이 생깁니다. 여기서 말하는 경쟁력은 또래 안에서의 경쟁력입니다. 50대인 내가 20대와 경쟁할 수는 없습니다. 그러나 50대에도 나만의 무기가 있다면 같은 또래 속에서는 충분히 경쟁할 수 있습니다. 이 또한 삶이 던지는 불안을 이겨내는 방법입니다. 배우려는 자세만 잃지 않는다면 언제 어디서든 당당하게 살아갈 수 있습니다. 오늘부터 시작해도 늦지 않습니다. 배움에는 때가 없으니까요.

마치며

마라톤에는 누구나 고비를 맞는 구간이 있습니다. 대개 34~38킬로미터 지점, 전체의 80퍼센트를 달렸을 때입니다. 남은 20퍼센트를 완주하느냐에 따라 결과가 달라집니다. 파레토의 법칙(Pareto's Law)처럼 20퍼센트의 원인이 80퍼센트의 결과를 만든다는 이론이 여기에도 적용됩니다. 인생에서 불안을 대할 때도 마찬가지입니다. 불안을 키우는 80퍼센트에 매달리기보다 삶의 원동력이 되는 나머지 20퍼센트에 집중할 때 불안은 더 이상 우리를 삼키지 못합니다. 태도에 따라 결과는 완전히 달라질 수 있습니다.

첫째, 불안은 극복할 대상이 아니라 마주해야 할 존재입니다. 사랑하는 이를 잃은 슬픔은 극복할 수 없듯 불안도 완전히 없앨 수 없습니다. 삶의 구석구석에 스며 있는 것이 불안입니다. 극복하려고 애쓸수록 오히려 더 깊이 파고듭니다. 차라리 불안의 실체를 인정하고 마주하세요. 마주하는 순간 불안은 모습을 드러내고 다루기 쉬워집니다. 마음먹기에 따라 불안의 크기는 조절할 수 있습니다.

둘째, 불안을 원동력으로 삼으세요.
인생은 불확실의 연속입니다. 확실한 건 지금 이 순간뿐입니다. 과거는 후회로, 미래는 알 수 없음으로 우리를 불안하게 합니다. 과거와 미래에 붙잡히면 현재를 살 수 없습니다. 이럴 때 불안을 역으로 활용하세요. 불안하기 때문에 오히려 지금에 집중하는 겁니다. 현재가 만족스럽다면 불안을 키울 이유가 없습니다. 오늘을 살아내는 힘, 그것이 불안이 주는 또 다른 선물입니다.

셋째, 불안을 곁에 두세요.
불안은 늘 다양한 모습으로 신호를 보냅니다. 도전을 앞두고 실패가 두렵고 관계가 멀어질까 불안하며 정해진 게 없는 내일에 흔들립니다. 해결된 불안은 또 다른 불안으로 대체됩니다. 떼어낼 수 없는 불안이라면 차라리 곁에 두고 활용하세요. 마주하며 때로는 원동력으로 삼아 상황에 맞게 다루면 됩니다. 불안은 삶을 더 단단하게 만드는 역할을 해줄 것입니다.

　이 책을 쓰는 동안에도 불안은 늘 곁에 있었습니다. 매일 한 편씩 쓰면서도 '끝낼 수 있을까', '이렇게 쓰는 게 맞을까' 스스로에게 수없이 물었습니다. 원고를 다 쓰고도 책이 될 수 있을지 알 수 없었습니다. 불확실한 상황에서 제가 할 수 있는 건 오직 하나였습니다. 어제에 이어 오늘도 불안을 마주하며 글을 쓰는 것이었습니다. 결과를 상상하며 불안해하기보다 그 불안을 글에 집중하는 에너지로 바꾸었습니다.

 그렇게 불안과 함께 쓴 글들이 모여 한 권의 책이 되었고 지금 이 <마치며>까지 쓰게 되었습니다. 이 책에는 불안과 마주하며 실체를 이해한 과정이 담겨 있습니다. 불안은 누구에게나 있습니다. 하지만 올바로 알고 적절히 활용할 수 있다면 불안은 더 이상 우리를 위협하지 않습니다.

 이제는 불안에 끌려다니지 않고 친구처럼 곁에 두고 바라보길 바랍니다. 이 책이 여러분의 삶 속에서 불안을 새로운 시선으로 바라보게 하는 계기가 되기를 바랍니다. 막연했던 불안이 이제는 처음과 다르게 느껴지길 바랍니다.
부디 불안을 활용해 더 나은 삶으로 나아가길 진심으로 바랍니다.

불안을 곁에 두기로 했다

초판 1쇄 인쇄	2025년 09월 17일
초판 1쇄 발행	2025년 09월 24일
펴낸곳	스노우폭스북스
펴낸이	서진
지은이	김형준
편집	진저(박정아)
편집 지원	윈터(설윤경)
교정·교열	이든(유하준)
표지·본문	샤인(김완선)
전략 지원	DK(김정현)
AI 홍보전략 지원	테드(이한음) 썸머(윤서하)
퍼포먼스 바이럴 담당	리사(김민주)
홍보디자인	샤인(김완선)
텍스트 아티클	티미(문지우) 알파(김민석)
검색	형연(김형연)
제작	해니(박범준)
종이	월드페이퍼
인쇄	남양문화사
주소	경기도 파주시 회동길 527, 스노우폭스북스 사옥 3층
대표번호	031-927-9965
팩스	070-7589-0721
전자우편	edit@sfbooks.co.kr
출판신고	2015년 8월 7일 제406-2015-000159

ISBN 979-11-94966-15-9 03810

• 스노우폭스북스P는 스노우폭스북스의 브랜드입니다.
• 스노우폭스북스는 여러분의 소중한 원고를 언제나 성실히 검토합니다.
• 이 책에 실린 모든 내용은 저작권법에 따라 보호를 받는 저작물이므로 무단 전재와 무단 복제를 금합니다.
• 이 책 내용의 전부 또는 일부를 사용하려면 반드시 출판사의 동의를 받아야 합니다.
• 잘못된 책은 구입처에서 교환해 드립니다.

스노우폭스북스는 "이 책을 읽게 될 단 한 명의 독자를 바라보고 책을 만듭니다."